Sandra Sommerfeld

Feen, Zwerge, Zauberwesen

Mini-Projekte Fantasy

Sandra Sommerfeld

Feen, Zwerge, Zauberwesen

Mini-Projekte Fantasy

HERDER

FREIBURG · BASEL · WIEN

Die Autorin
Sandra Sommerfeld ist Sozialpädagogin, Erzieherin und Fachkraft für Psychomotorik. Sie verfügt über langjährige Erfahrungen im Kindertagesstättenbereich.

© Verlag Herder GmbH, Freiburg im Breisgau 2008
Alle Rechte vorbehalten
www.herder.de

Illustrationen: Dunja Schnabel, Hamburg
Lektorat: Cornelia Schönfeld, Freiburg

Layoutentwurf und Produktion: HellaDesign, Emmendingen
Druck und Bindung: fgb · freiburger graphische betriebe 2008
www.fgb.de

Gedruckt auf umweltfreundlichem, chlorfrei gebleichtem Papier
Printed in Germany

ISBN: 978-3-451-32175-7

Inhalt

Verwandlung in Kräuterfeen 36
Feenpflanzen erforschen 37
Feenhustenbonbons aus der Kräuterküche 38
Kräuterseife aus dem Feenland 39

4. Mit den Zwergen im Bergwerk 40
Erde erforschen 42
Warum ist das Erdreich so wertvoll? 42
Zwerge aus Ton formen 43
Zwergenhäuser aus Naturmaterialien bauen 43
Die Welt aus der Zwergenperspektive betrachten 44
Der Oberzwerg erwacht! 44
Fingerspiel: Die erfolgreiche Schatzsuche 45
Zauberer Mirakloch, fang uns doch! 46
Schatzsuche in der Erde 46
Mit Hammer und Meißel im Bergwerk arbeiten 47
Edelsteine erforschen 48
Schatzsuche mit Hindernissen 50

5. Wo die Riesen hausen 52
Gespräch über Riesen 54
Die persönliche Messlatte 55
So riesig bin ich 56
Riesenschritte mit langen Beinen 57
Riesengroßes Bodenbild legen 57
Fantasiereise ins Land der Riesen 58
Im Land der Riesen 60
Riesenolympiade für große und kleine Riesen 61

6. Wassernixen und Wassermänner 62
Gewässer als Lebensraum erkunden 64
Fingerspiel: Zehn kleine Nixen 65
Muschelschmuck für kleine Nixen 66
Blick ins Nixenreich 66
Massage in der Wasserwelt 67

Vorwort

Seit jeher beflügeln Naturgeister und Zauberwesen die menschliche Fantasie. Viele Märchen, Sagen, Geschichten und Mythen berichten, wie Feen, Zwerge, Elfen und andere Wesen die Natur beschützen. In unserem Kulturkreis haben heutzutage fast nur noch Kinder im Alter von drei bis sechs Jahren Zugang in diese Welt, denn sie können sich in dieser Phase des magischen Denkens leichter auf Ungewöhnliches einlassen.
Nutzen Sie diese Fähigkeit der Kinder und begeben Sie sich gemeinsam in eine bildhafte, gefühlsorientierte Welt. Ermöglichen Sie den Kindern mit verschiedenen Angeboten, eigene Vorstellungen zu entwickeln, ungewöhnlichen Ideen nachzugehen und ihren Glauben an eine beseelte Natur zu bewahren. Auf diese Weise legen Sie den Grundstein für ein ausgeprägtes Umweltbewusstsein und den Wunsch, die Natur zu schützen.
Aber nicht nur die Natur gilt es zu schützen. Auch die wunderbare Gabe der kindlichen Fantasie gilt es zu fördern, damit sie nicht verkümmert. Fantasie ist eine wichtige Grundlage für den Lebensweg der Kinder, denn sie verhilft ihnen in jedem Alter zu Kreativität, konstruktiver Vorstellungskraft, Spontaneität und Flexibilität.

Das Miniprojektbuch »Fantasy« umfasst sieben Kapitel, die jeweils einen Themenschwerpunkt behandeln. Jedes Kapitel beginnt mit der Aufschlüsselung seiner Ziele und Methoden. Weiterhin finden Sie zu Beginn jedes Angebotes Empfehlungen zu Alter, Gruppengröße, Ort und benötigtem Material.
Eine weitere Orientierungshilfe bieten Ihnen die Hinweise auf die zentralen Bildungsbereiche der Elementarpädagogik. So stehen die einzelnen Bildungsbereiche für besondere Förderschwerpunkte, die in ihrer Gesamtheit dem Prinzip der ganzheitlichen Förderung folgen.
  – **Natur, Lebenswelt, Technik:** Die Erforschung der natürlichen Lebensräume, in denen die verschiedenen Naturwesen zu finden sind, bietet vielfache Möglichkeiten der kindgerechten Wissenschaftsvermittlung. Bei Exkursionen in den Wald, an ein Gewässer oder auf eine Wiese werden die Kinder für die Natur und den Naturschutz sensibilisiert. Während sie sich mit den unterschiedlichen Naturwesen und ihren Lebensbereichen auseinandersetzen, vergleichen sie diese bewusst oder unbewusst mit ihren eigenen.

- **Sprachliche Bildung:** Kinder wollen und müssen ihre vielfältigen Beobachtungen, Erfahrungen und Eindrücke kommunizieren. Sie wollen ihr Wissen austauschen, ihre Gedanken, Visionen und Zweifel mitteilen. Sie wollen in Gesprächen ihre Ergebnisse präsentieren, vergleichen und bewerten.
- **Wahrnehmung und Bewegung:** Spiele, Massagen, Traumreisen und Erkundungstouren in die Natur fördern die Konzentration, die Ausdauer, die Wahrnehmung und die Körperbeherrschung der Kinder.
- **Ästhetisch-kreative Bildung:** Beim Verarbeiten von Naturmaterialien auf verschiedenste Art und Weise und beim Herstellen von Kostümen können sich die Kinder kreativ entfalten und ausdrücken.
- **Sozial-emotionale Bildung:** Bei einer Mitmachgeschichte reisen die Kinder zusammen mit ihren Eltern nach Fantasien. Dort erwarten sie viele spannende Abenteuer, die ein gegenseitiges Kennenlernen fördern und ein gemeinsames Erlebnis beinhalten.

Mit den Angeboten der Miniprojektreihe »Fantasy« tauchen Sie mit den Kindern in die magische und fantastische Welt der Feen, Zwerge und anderen Zauberwesen ein. Ich wünsche Ihnen eine fantasievolle und erlebnisreiche Zeit in dieser Welt.

Sandra Sommerfeld

1. Naturgeister aufspüren und selbst erleben

In alten Überlieferungen und Mythologien sowie in hoch entwickelten Weltreligionen wie dem Hinduismus wird berichtet, dass jeder Naturgeist und jedes Naturwesen bestimmte Orte in der Natur bewohnen. Gemäß diesen Vorstellungen sind Naturgeister Wesen, die mit der Pflanzen- und Tierwelt sowie mit den vier Naturelementen Erde, Wasser, Luft und Feuer in direkter Verbindung stehen.

Sensibilisieren Sie die Kinder mit den folgenden Angeboten spielerisch für die Natur und fördern Sie auf diese Weise ihr Umweltbewusstsein.

Ziele	○ Sensibilisierung für die Natur und die vier Natur-elemente Erde, Wasser, Feuer und Luft
	○ Sensibilisierung für den Umweltschutz
	○ Förderung der kindlichen Fantasie und Assoziation
	○ Förderung der Wahrnehmung
	○ Schulung der Feinmotorik
	○ Förderung der Sprache
Methoden	● Auseinandersetzung mit Naturgeistern und deren Lebenswelten
	● Entdeckungstouren in die Welt der Naturwesen
	● Verhaltensregeln zum Schutz der Naturwesen erstellen und beachten
	● Auseinandersetzung mit den vier Elementen Erde, Wasser, Feuer, Luft
	● Herstellung von Amuletten und Naturgeister-häuschen

Naturgeister kennen lernen

- **Bildungsbereich:** Sprachliche Bildung / Ästhetisch-kreative Bildung
- **Alter:** ab 4 Jahre
- **Anzahl:** unbegrenzt
- **Ort:** drinnen oder draußen
- **Material:** Malpapier, Buntstifte

Regen Sie die Fantasie der Kinder mit einer Kurzgeschichte an, die sie Schritt für Schritt zu den Bewohnern in die Anderswelt führt.

Bestimmt habt ihr schon von Feen, Elfen, Zwergen, Kobolden und Riesen gehört. Sie alle sind Naturwesen. Aber kennt ihr auch die Tier- und Pflanzengeister? Manche dieser Naturwesen sind sehr freundlich, einige sind sehr scheu und andere machen gern Blödsinn. Unter jedem schönen Stein, auf jeder duftenden Blume, in jedem dicken Baumstamm, in jedem plätschernden Gewässer und in jeder lodernden Flamme kann ein Naturwesen wohnen. Bestimmt seid ihr schon einmal ganz in ihrer Nähe gewesen! Doch leider habt ihr sie nicht gesehen. Welchem Naturwesen würdet ihr gern begegnen? Wie sieht es wohl aus?

Lassen Sie die Kinder von ihren Vorstellungen erzählen. Anschließend malen sie das Naturwesen, das sie am liebsten treffen möchten auf.

Naturwesen eine Gestalt geben

- **Bildungsbereich:** Ästhetisch-kreative Bildung / Sprachliche Bildung
- **Alter:** ab 4 Jahre
- **Anzahl:** unbegrenzt
- **Ort:** drinnen oder draußen
- **Material:** Ton oder Lehm, Plastikschale, Wasser, Naturmaterialien

Die Kinder entwickeln einen intensiveren Bezug zu den Naturwesen, wenn sie ihnen eine Gestalt geben. Aus Ton oder Lehm formt jedes Kind ein Naturwesen seiner Wahl und verziert es mit Naturmaterialien. Nun brauchen die fertig gestellten Fantasiegeschöpfe noch einen Wohnort, an dem sie sich wohl fühlen. Helfen Sie den Kindern eventuell mit gezielten Fragen bei der Auswahl einer geeigneten Behausung.

Verhaltensregeln zum Schutz der Naturwesen

- **Bildungsbereich:** Sprachliche Bildung / Natur, Lebenswelt und Technik
- **Alter:** ab 5 Jahre
- **Anzahl:** unbegrenzt
- **Ort:** Wohnorte der selbst gemachten Naturwesen
- **Material:** Plakat, Stifte

Bestimmt wünschen sich die Kinder für ihre selbst gestalteten Naturwesen passende Wohnorte, an denen diese ungestört leben können. Entwickeln Sie mit den Kindern in einem Gespräch gemeinsame Verhaltensregeln zum Schutz ihrer Naturwesen. Was würde die Naturwesen traurig oder ärgerlich machen? Wann müssten sie sich ein neues Zuhause suchen? Die Kinder malen oder schreiben ihre Antworten auf ein Plakat:
- – Müll gehört in den Mülleimer.
- – Pflanzen oder Zweige werden nicht mutwillig abgerissen.
- – Tiere können beobachtet, aber sie dürfen nicht gestört oder verletzt werden.

Erste Begegnung mit den Naturgeistern

- **Bildungsbereich:** Natur, Lebenswelt und Technik / Sprachliche Bildung / Wahrnehmung und Bewegung
- **Alter:** ab 4 Jahre
- **Anzahl:** unbegrenzt
- **Ort:** drinnen oder draußen
- **Material:** Erde, Unterlage, Figuren oder Bilder der Naturgeister

Vermitteln Sie den Kindern mit verschiedenen Aufgaben, dass sich die Zuordnung der Naturwesen an den vier Elementen Erde, Wasser, Feuer und Luft orientiert. Damit die Kinder sich leichter auf das Angebot einlassen können, zeigen Sie ihnen zu jedem Naturelement eine passende Figur oder ein Bild.

Erdgeist: Ich bin ein Gnom und gehöre zur Familie der Erdgeister. Wir sind eine riesengroße Familie. Meine Cousinen sind Elfen, meine Cousins Wurzelgnome. Mein Onkel ist ein Troll und meine Tante eine Fee. Die Bäume, Wurzeln und Blumen sind unsere Wohnorte. Damit sie

gut wachsen, brauchen sie Erde. Ich habe euch ein wenig Erde mitge-
bracht. Fasst sie an. Wie fühlt sie sich an? Ist sie weich oder hart?
Welche Farbe hat sie? Wie riecht sie?

Wassergeist: *Ich bin ein kleiner Wassermann und gehöre zur großen*
Familie der Wassergeister. In meiner Familie gibt es viele Wasserfrauen,
Meerjungfrauen und Nixen. Unser Zuhause sind alle Gewässer unserer
Welt. Dort schützen wir die Wasserpflanzen, Fische und anderen
Wassertiere. Habt ihr schon einmal überlegt, wie viele Gewässer es gibt?
Wisst ihr auch, dass manche Gewässer nur bei Regen entstehen? Ihr
werdet staunen, wo wir überall leben können.

Feuergeist: *Ich bin ein Salamander. Genau wie Echsen, Schlangen und*
Drachen gehöre ich zur Familie der Feuergeister. Wir sind für das Feuer
und die Wärme zuständig. Zündet jetzt vorsichtig ein Streichholz an
und bringt damit eine Kerze zum Brennen. Beobachtet die Flamme. Wie
sieht sie aus? Bewegt sie sich? Haltet vorsichtig eure Hand in die Nähe
der Flamme. Spürt ihr die Wärme? Pustet langsam in die Flamme und
schaut ganz genau hinein. Seht ihr den Feuergeist?

Luftgeist: *Ich bin ein Luftgeist. Meine Freunde heißen Lichtelben,*
Sturmgeister und Devas. Gemeinsam sind wir die Hüter der Lüfte. Wir
entscheiden, ob der Wind ganz sanft weht oder stürmisch über die
Landschaften braust. Spielt doch selbst einmal einen Luftgeist und
überlegt euch, wie ihr Wind erzeugen möchtet. Welche Materialien
könnten dabei hilfreich sein?

Amulette gestalten

- **Bildungsbereich:** Ästhetisch-kreative Bildung
- **Alter:** ab 4 Jahre
- **Anzahl:** unbegrenzt
- **Ort:** drinnen oder draußen
- **Material:** für jedes Kind 1 vorgebohrte Massivholzscheibe, Schnur, Wolle, Schere, Klebstoff, Farbe, Pinsel, Glitzer, Pailletten, Federn und andere Naturmaterialien

Mit kleinen Amuletten zeigen die Kinder den Naturgeistern, dass sie als Freunde kommen und stets sorgsam mit der Natur umgehen wollen. Zum Dank schützen die Naturgeister die Träger der wertvollen Schmuckstücke vor Gefahren und Unheil.
Jedes Kind erhält eine Holzscheibe, die es nach seinen Vorstellungen bemalen und mit glitzernden Materialien oder Gegenständen aus der Natur verzieren darf. Nach dem Trocknen befestigt es an seinem Amulett eine Schnur und hängt es sich um den Hals. Nun kann die gemeinsame Entdeckungstour in die Natur beginnen.

Häuschen für Naturgeister bauen

- **Bildungsbereich:** Ästhetisch-kreative Bildung
- **Alter:** ab 3 Jahre
- **Anzahl:** unbegrenzt
- **Ort:** draußen
- **Material:** Naturmaterialien

Bauen Sie mit den Kindern ein Natur-
geisterhäuschen als Bleibe und Geschenk für
die Naturgeister. In Kleingruppen suchen die
Kinder zunächst einen schönen Ort aus. Dann sammeln sie Rindenstücke, Stöcke, Blätter, Moos und andere Naturmaterialien. Nun können die Bauarbeiten beginnen. Bestimmt werden die Naturwesen nach der Fertigstellung sofort einziehen.

Auf Entdeckungstour in der Anderswelt

- **Bildungsbereich:** Wahrnehmung und Bewegung
- **Alter:** ab 3 Jahre
- **Anzahl:** unbegrenzt
- **Ort:** draußen

Entdeckungstouren in Wäldern, auf Wiesen und an Gewässern fördern die Fantasie und Assoziationsfähigkeit. Kinder im magischen Alter werden schon nach kurzer Zeit erste Spuren der Naturwesen aufspüren und in

Blumen, Farnen sowie Bäumen die Wohnorte von Lebewesen aus der Anderswelt erkennen:
- Die beste Zeit um Elfen zu begegnen, liegt in der Morgen- und Abenddämmerung, also in den so genannten Zwischenzeiten des Tages. Die Wohnorte dieser Naturwesen finden die Kinder in Schluchten, an Bächen, auf Hügeln, in Felsnischen, in Höhlen und auf Waldlichtungen. Auch kleine Blumen mit zarten Blüten und Blättern sind beliebte Wohnorte. Vielleicht werden die Kinder auf ihrer Entdeckungstour sogar von einer Elfe begrüßt. Spüren sie schon ein leichtes Kribbeln im Handgelenk oder eine Spinnwebe im Gesicht?
- Wenn die Sonne durch die Baumkronen scheint und seltsame Lichtspiele entstehen, könnten Feen am Werke sein. Bitten Sie die Kinder um Ruhe, damit dieser stimmungsvolle Ort seine magische Wirkung entfalten kann. Hören die Kinder ein feines Wispern oder Kichern? Ein plötzlicher Windhauch könnte ein Zeichen dafür sein, dass soeben eine Fee vorbeigeschwebt ist.
- Die weit verstreute Familie der Wassergeister ist in allen Gewässern unserer Erde zuhause. Sie wohnen in großen Meeren als auch in vielen kleinen Seen, Flüssen und sogar Pfützen. Die Nixen und Wassermänner, die nicht im Meer leben, verstecken sich am liebsten in trüben und tiefen Gewässern. Wenn die Kinder leise an einem Gewässer verweilen und aufmerksam die Wasseroberfläche betrachten, erkennen sie bestimmt die Spuren der Wassergeister.
- Entdecken die Kinder ausgehöhlte Baumstämme, bemooste Hügel und Mäuselöcher, die von Zwergen bewohnt sind? Im Herbst könnte eine verlorene Zwergenmütze aus einem Eichelhütchen auf die Spur der Naturwesen führen. Pilze dienen den Zwergen bei nassem Wetter als Unterschlupf oder tragbare Regenschirme.

Tore in die fantastische Welt

- **Bildungsbereich:** Natur, Lebenswelt und Technik / Wahrnehmung und Bewegung
- **Alter:** ab 3 Jahre
- **Anzahl:** unbegrenzt
- **Ort:** draußen

Es heißt, dass bestimmte Orte in enger Verbindung zur Anderswelt stehen. Hierbei handelt es sich um so genannte Zwischenorte und Grenzlinien, die nicht eindeutig einem bestimmten Bereich zugeordnet werden können. In die Anderswelt führen Wälle, Mauern, Hügelgräber, Brücken, Wasserstege, Gewässerränder, herunterhängende Birkenzweige und viele weitere Über- oder Durchgänge. Finden Sie mit den Kindern die geheimnisvollen Tore in die magische Anderswelt.

Wächter am Tor der Anderswelt

- **Bildungsbereich:** Wahrnehmung und Bewegung
- **Alter:** ab 5 Jahre
- **Anzahl:** ab 5 Kindern
- **Ort:** draußen (nicht asphaltierter und befahrener Weg)
- **Material:** Taschenlampe

Ein Kind bewacht das Tor in die Anderswelt. Es erhält eine Taschenlampe und sitzt mit geschlossenen Augen auf einem schattigen Weg. In 5 Metern Entfernung stellen sich die anderen Kinder in einer Reihe auf. Sie sollen sich an dem Wächter vorbei in die Anderswelt schleichen. Sobald der Wächter ein Geräusch hört, richtet er seine Taschenlampe in die entsprechende Richtung. Er darf die Lampe aber nicht im Kreis schwenken. Trifft der Lichtstrahl ein Kind, erstarrt dieses sofort. Sind alle Kinder vom Lichtkegel gebannt, ist das Spiel beendet und der Wächter hat sein Tor in die Anderswelt erfolgreich verteidigt. Gelingt es einem Kind jedoch, unbemerkt durch das Tor zu schreiten, darf es in der nächsten Runde den Wächter spielen.

2. Im Zauberreich der Elfen

Die zierlichen und anmutigen Elfen sind vom Erscheinungsbild den Menschen recht ähnlich. Die Körper der erdverbundenen Lichtwesen schimmern in Pastelltönen und sind beinahe transparent. Ein besonderes Erkennungsmerkmal der Elfen sind ihre spitzen Ohren, die auf ihr ausgezeichnetes Hörvermögen hindeuten und somit auch ihre Vorliebe für Musik und Tanz erklären. Da Elfen zudem auch wunderschöne Stimmen haben, feiern sie viele Feste, bei denen sie zu ihrer Elfenmusik singen und tanzen.

Bei Rollenspielen mit und ohne Verkleidung versetzen sich die Kinder in musikalische Elfen, um Töne und Geräusche auf unterschiedliche Art zu erfahren. Ein gemeinsames Fest mit Eltern und Freunden, bei dem die Elfenkinder ihre Tänze und Lieder aufführen, bildet einen gelungenen Abschluss dieser Angebotsreihe.

Ziele	
	○ Schulung der Feinmotorik
	○ Förderung der Wahrnehmungs- und Bewegungsfähigkeit
	○ Förderung der musikalischen Fähigkeiten
	○ Stärkung des sozialen Miteinanders
	○ Förderung der sprachlichen Darstellung
Methoden	● Kostüme und Accessoires für Elfen selbst gestalten
	● Rollenspiele
	● Singen von Elfenliedern
	● Verklanglichung von Elfenliedern
	● rhythmische und tänzerische Umsetzung von Liedern, Gedichten und Geschichten
	● Elfengedicht als Schattentheater inszenieren

Wissenswertes über Elfen

Viele Mythologien berichten von sehr freundlichen und naturverbunden Elfen. In einigen germanischen Sagen und Märchen gelten sie als Mittelwesen zwischen Menschen und Göttern oder als Lichtwesen. In der nordischen Mythologie sind sie als freundliche Lichtelben oder als böse Dunkelelben vertreten. Je nach Erscheinungsform ändert sich auch ihr Lebensraum und ihr Wohnort. Gemeinsam ist allen Elfen jedoch, dass sie meist sehr gesellig sind und sie sich am liebsten in größeren Gruppen aufhalten.

Elfen, das »verborgene Volk« in Island

In Island entwickelte sich in vorchristlicher Zeit der Glaube an das »Verborgene Volk der Elfen«. Dieser Glaube bestimmt noch heute das Leben auf der Insel, die von zahlreichen Vulkanen, Quellen und Geysiren geprägt ist. So sind die Inselbewohner stets bemüht, den Lebensraum der Elfen zu erhalten und pflegen einen sehr behutsamen Umgang mit der Natur.

Hauptstadt der »verborgenen Menschen« ist Hafnarjördur, eine kleine Stadt südlich von Reykjavik. Die weltweit einzige Elfenbeauftragte kann von offizieller und privater Seite zu Rate gezogen werden. Für das Bauamt der Hauptstadt Reykjavik weist sie die Orte aus, an denen Elfen leben. Um ihren Lebensraum zu schützen, darf an diesen Orten nicht gebaut werden. Häufig wird eine bereits abgeschlossene Straßenplanung noch einmal geändert, wenn sich bei der Besichtigung des Geländes herausstellt, dass diese durch den Lebensraum von Elfen führt. Gleiches gilt für unfallträchtige Straßen, auf denen verborgene Wesen vermutet werden. Eine »Landkarte der verborgenen Welt« ist im Touristeninformationszentrum von Reykjavik erhältlich.

Elfenkinder beschreiben

- **Bildungsbereich:** Sprachliche Bildung
- **Alter:** ab 3 Jahre
- **Anzahl:** unbegrenzt
- **Ort:** drinnen
- **Material:** Bilder von Elfen, Notizblock, Stift

Wahrscheinlich denken die meisten Kinder, dass es nur weibliche Elfen gibt. Zeigen Sie ihnen deshalb zum Einstieg in das Thema verschiedene Bilder von Elfenmädchen und Elfenjungen. Lassen Sie sich das Aussehen der Wesen genau beschreiben und notieren Sie alle Aussagen:

- Wie groß sind Elfen?
- Wie sehen ihre Gesichter aus?
- Was ist das Besondere an ihren Ohren?
- Welche Kleidung tragen die Elfen?
- Wie unterscheiden sich Elfenjungen und Elfenmädchen?

Besonders die letzte Frage führt sicherlich zu einer regen Diskussion zwischen den Kindern.

Elfenumhänge und Elfenröcke selbst gemacht

- **Bildungsbereich:** Ästhetisch-kreative Bildung
- **Alter:** ab 4 Jahre
- **Anzahl:** unbegrenzt
- **Ort:** drinnen
- **Material:** Efeuranken, bunte Blumen aus Stoff oder der Natur, bunte Schleifen- oder Stoffbänder, helle und pastellfarbene Gardinenstoffe, Nähgarn, Nähnadeln, Scheren

Elfenmädchen tragen luftige Röckchen, während Elfenjungen lange Umhänge bevorzugen. Mit wenig Zeit- und Arbeitsaufwand können Sie das Material für die Kostüme vorbereiten. Je nach Größe des Kindes benötigen Sie für einen Rock zirka 50 x 150 Zentimeter Stoff und für einen Umhang etwa 70 x 150 Zentimeter.

Versehen Sie den oberen Rand der langen Stoffseite mit kleinen Einschnitten. Durch diese ziehen die Kinder ein 2 Meter langes Stoff- oder

Schleifenband. Danach können die Kinder ihre Röcke und Umhänge mit Efeuranken oder Blumen verzieren. Die Materialien befestigen sie mit längeren Fäden am Stoffband, so dass diese in verschiedener Höhe herunterhängen. Nun kann jedes Kind in sein Kostüm schlüpfen und dies mit dem Band am Körper befestigen.

Glitzernde Elfenflügel herstellen

- **Bildungsbereich:** Ästhetisch-kreative Bildung
- **Alter:** ab 4 Jahre
- **Anzahl:** unbegrenzt
- **Ort:** drinnen
- **Material:** Tonkarton, Scheren, Glitzerstifte, Stifte, Farben, Klebstoff, breites transparentes Klebeband, Nähnadeln, Gummiband, Gardinentüll, Glitzersticker, Gold- oder Silberfaden

Falten Sie einen großen Bogen Tonkarton in der Mitte und zeichnen Sie darauf den Umriss eines schmetterlingsförmigen Elfenflügels. Der Falz verbindet die aufgeklappten Flügelhälften. Er ist etwa 4 Zentimeter breit und etwas kürzer als die Flügel. Schneiden Sie die Umrisse der Flügel auf und übertragen Sie diese für jedes Kind auf einen Bogen Tonkarton.
Die Kinder schneiden ihre Flügel aus und legen diese exakt aufeinander. Dann falzen sie die Knickkante kräftig und bekleben die Vorder- und Rückseite der Falz zur Verstärkung mit transparentem Klebeband. Danach stechen die Kinder in beide Flügel jeweils zwei Löcher, die 4 Zentimeter vom Falz entfernt sind und einen Abstand von 5 Zentimeter aufweisen. Durch die beiden Löcher jedes Flügels ziehen die Kinder jeweils ein langes Gummiband und verknoten es. Aus dem Innern der Flügel wird so viel herausgeschnitten, dass nur ein Rand von 1 bis 2 Zentimeter stehen bleibt. Lassen Sie in der Mitte zudem noch genügend Karton stehen, durch den die Gummibänder gezogen werden.
Anschließend legen sie ein Stück Gardinentüll auf die Flügel und zeichnen die Konturen nach. Dann schneiden sie die Stoffstücke aus, vernähen die Schnittkanten mit Gold- oder Silberfaden und kleben die Stoffe auf die Ränder der Flügel. Für eine bessere Haltbarkeit werden die Stoffe mit einigen Stichen am Karton festgenäht. Zum Schluss dürfen die Kinder ihre Elfenflügel mit Glitzerstiften, Farben und Glitzerstickern verzieren.

Elfenkränze binden

- **Bildungsbereich:** Ästhetisch-kreative Bildung
- **Alter:** ab 5 Jahre
- **Anzahl:** unbegrenzt
- **Ort:** draußen oder drinnen
- **Material:** Efeuranken, Blumen, schmale Stoffbänder, feiner Draht, Glitzerstifte

Jedes Kind bindet aus langen Efeuranken und Draht einen Grundkranz, der seiner Kopfgröße angepasst ist. Dann verziert es seinen Kranz mit bunten Blumen und langen bunten Bändern, die beim Tragen im Nacken herunterhängen. Wie bei einem echten Elfenkranz werden die Blumen und Bänder mit Glitzerstiften verziert.

Falls die Jungen die Blumen- und Glitzervariante nicht mögen, verzieren sie ihren Elfenkranz mit Blättern und Stöckchen.

Verwandlung in Elfen

- **Bildungsbereich:** Sprachliche Bildung / Sozial-emotionale Bildung
- **Alter:** ab 4 Jahre
- **Anzahl:** unbegrenzt
- **Ort:** draußen oder drinnen
- **Material:** Elfenkostüme, Schminke

Stimmen Sie die Kinder mit einem Zauber- und Bewegungsspiel auf ihr Elfendasein ein. Während sie den Text sprechen und die Bewegungen ausführen, verwandeln sie sich in Elfen.

Jeder dreht sich 3 x um sich selbst,
hüpft 3 x auf dem linken Bein und 3 x auf dem rechten Bein.
Nun schütteln wir uns alle kräftig, um die menschliche Haut abzuschütteln,
3 x die Arme wie Flügel nach oben und unten bewegen.
1, 2, 3 ... wir sind nun alle Elfen!

Zum Abschluss der Verwandlung ziehen die Kinder ihre Kostüme an und schminken sich nach Belieben die Gesichter.

Verzauberte Elfenkinder

- **Bildungsbereich:** Sprachliche Bildung / Wahrnehmung und Bewegung
- **Alter:** ab 4 Jahre
- **Anzahl:** unbegrenzt
- **Ort:** draußen oder drinnen
- **Material:** Musik, Musikabspielgerät, Elfenstab

Bestimmt haben die Kinder unterschiedliche Ideen und Vorstellungen, wie Elfen sich fortbewegen. Spielen Sie eine rhythmische Musik ein. Als Oberelfe geben Sie mit Ihrem Zauberstab die erste Bewegung vor, die die Kinder wie verzaubert ausführen sollen. Damit der Zauber seine Wirkung entfalten kann, muss sich sein Besitzer einmal um sich selbst drehen, dann den Stab in die Höhe halten und laut die gewünschte Bewegung sagen. Augenblicklich verwandeln sich die Kinder in Elfenjungen und Elfenmädchen. Sie hüpfen, fliegen, laufen rückwärts oder tänzeln auf Zehenspitzen. Stoppen Sie nach einiger Zeit die Musik und überreichen Sie dem nächsten Kind den Elfenstab.

Wir machen Elfenmusik

- **Bildungsbereich:** Wahrnehmung und Bewegung / Sozial- emotionale Bildung
- **Alter:** ab 4 Jahre
- **Anzahl:** unbegrenzt
- **Ort:** drinnen
- **Material:** Flöte, Handtrommel, Zimbeln, Triangel, Xylophon, Rasseln, Klanghölzer, Klangschale, großes Tuch, Musikabspielgerät, Harfen- und Flötenmelodien, Elfenkostüme

Haben die Kinder eine Vorstellung, wie Elfenmusik klingt? Mit welchen Instrumenten musizieren die Elfen am liebsten? Mögen sie eher laute oder leise, schnelle oder langsame Melodien?
Legen Sie verschiedene Instrumente auf ein großes Tuch und stellen Sie den Kindern diese mit ihren richtigen Bezeichnungen vor. Welche passen wohl am besten zu den anmutig schwebenden Lichtwesen? Um dies herauszufinden, dürfen die Kinder die Instrumente ausprobieren.

Nachdem sich die Kinder mit den Instrumenten vertraut gemacht haben, komponieren und spielen sie eine eigene Elfenmusik.

Variation: Spielen Sie den Kindern CDs mit Harfen- und Flötenmelodien vor. Stellen Sie gemeinsam Elfenmelodien für eine eigene CD zusammen.

Wir singen und tanzen zum Elfenlied

- **Bildungsbereich:** Wahrnehmung und Bewegung
- **Alter:** ab 3 Jahre
- **Anzahl:** unbegrenzt
- **Ort:** drinnen
- **Material:** Elfenkostüme, Chiffontücher, Zimbeln, Triangel, Klangschalen

Die Kinder bilden eine musizierende und eine tanzende Elfengruppe. Mit Zimbeln, Triangel und Klangschalen spielen und singen die Musikanten nach der Melodie von »Die Blümelein, sie schlafen« folgenden Text:

Die Elfelein, sie tanzen
zusammen im Mondenschein.
Sie drehen sich im Kreise
und schweben ganz leise.
Leicht fliegen sie durch Wald und Feld,
so wie es ihnen gefällt.
Tanzet, tanzet, tanzt beschwingt, ihr Elfelein.

Die Elfelein, sie tanzen
zusammen im Sonnenschein.
Anmutig tänzeln sie herum
begleitet vom Bienengesumm.
Es trägt sie liebevoll der Wind
zu den Blümchen hin geschwind.
Tanzet, tanzet, tanzt beschwingt, ihr Elfelein.

Die tanzenden Elfen erhalten zwei Chiffontücher, um ihr Schweben besser darstellen zu können.

Schattenspiel: Gesang der Elfen

- **Bildungsbereich:** Sprachliche Bildung / Wahrnehmung und Bewegung / Ästhetisch-kreative Bildung / Sozial-emotionale Bildung
- **Alter:** ab 4 Jahre
- **Anzahl:** unbegrenzt
- **Ort:** abgedunkelter Raum
- **Material:** Bettlaken, Wäscheleine, Wäscheklammern, Overheadprojektor, Folien, Scheren, dünne Pappe, Holz- oder Schaschlikstäbe, Elfenkostüme, Videokamera, Fotoapparat, Musikabspielgerät, Musik

Haben Sie mit Kindern schon einmal ein Gedicht als Schattenspiel inszeniert und den Eltern vorgeführt? Wagen Sie sich doch einmal an das Gedicht »Der Gesang der Elfen« von Johann Wolfgang von Goethe und machen Sie den Kindern die poetische Welt mit einem Schattenspiel erlebbar. Bei diesem Angebot erfahren die Kinder den spielerischen und kreativen Umgang mit Worten, Buchstaben und Bildern.

Um Mitternacht,
wenn die Menschen erst schlafen,
dann scheinet uns der Mond,
dann leuchtet uns der Stern,
wir wandeln und singen
und tanzen erst gern.

Um Mitternacht,
wenn die Menschen erst schlafen,
auf Wiesen an den Erlen,
wir suchen unseren Raum
und wandeln und singen
und tanzen einen Traum.

Lesen Sie das Gedicht Strophe für Strophe vor und befragen Sie die Kinder zum Inhalt. Sie erfahren hierbei, ob die Kinder den Text und alle Begriffe verstanden haben. Sind alle Unklarheiten ausgeräumt, spielen die Kinder das Gedicht mit oder ohne Elfenkostüme nach. Danach dürfen sie selbst ausprobieren, wie das Spiel mit Licht und Schatten funktioniert.

Für die Umsetzung als Schattenspiel gestalten die Kinder eigene Stabfiguren. Übertragen Sie mehrere Vorlagen von Elfen auf dünne Pappe. Gemeinsam mit den älteren Kindern schneiden Sie die Figuren aus und befestigen diese an Stöcken.

Für die nächtliche Kulisse auf der Wiese bereiten die Kinder einfache Scherenschnitte vor, die später auf kleine Papprahmen gelegt werden.

Für die Schattenwand nähen Sie zwei weiße Bettlaken aneinander und befestigen diese an einer Wäscheleine. Verwenden Sie als Beleuchtung und für effektvolle Kulissen einen Tageslichtprojektor. Stellen Sie den Projektor etwa 2 Meter vor der Wand auf. Wenn Sie direkt an der Schattenwand zwei Tische mit der Fläche zur Wand quer legen, können die Zuschauer nicht sehen, wie die Kinder auf dem Boden sitzend mit den Figuren spielen.

Für den passenden Hintergrund bereiten Sie pro Strophe einen Rahmen aus dünner Pappe vor, den Sie auf den Tageslichtprojektor legen. Darauf montieren Sie für jede Szene die vorbereiteten Scherenschnitte. Befestigen Sie am ersten Rahmen einen Mond und legen Sie einen Stern dazu. Für den zweiten Rahmen brauchen Sie eine Blumenwiese und mehrere Bäume.

Suchen Sie mit den Kindern gemeinsam eine passende Musik zum Gedicht aus. Die Musik wird von Beginn bis zum Ende des Schattentheaters eingespielt, damit die Zuschauer den Kulissenwechsel zu Beginn der zweiten Strophe als fließend empfinden.

Tipp: Filmen und fotografieren Sie die Vorbereitung und die Aufführung. Wenn möglich, schneiden Sie einen Film zusammen, den Sie gemeinsam mit den Kindern ansehen. Auf diese Weise können die Kinder das Erlebte noch einmal aus einer anderen Perspektive betrachten und ihre Eindrücke besser speichern und vertiefen. Aus den Fotos gestalten Sie eine Collage, die für alle gut sichtbar einen Platz im Gruppenraum findet.

3. Abenteuer im Feenland

Beeinflusst von der bekannten »Prinzessin Lillifee« haben sich viele Kinder bestimmt schon des Öfteren mit der Feenwelt auseinandergesetzt und würden vielleicht auch gerne einmal in dieser Fantasiewelt leben. Greifen Sie das vorhandene Interesse der Kinder mit unterschiedlichen Angeboten auf und machen Sie ihre Fantasien für alle gemeinsam neu erlebbar.

Ziele	○ Förderung der Kognition, des Verstehens und der Sprache ○ Förderung der Kreativität ○ Eigene Wünsche bewusst wahrnehmen und äußern ○ Förderung der Körperwahrnehmung ○ Schulung der Feinmotorik ○ Stärkung des sozialen Miteinanders ○ Förderung des Natur- und Umweltbewusstseins
Methode	● Wahrnehmungs- und Bewegungsspiele ● Fantasiereisen, Rollenspiele und Wunschkiste ● Accessoires gestalten ● Heil- und Feenpflanzen kennen lernen, bestimmen und verarbeiten ● Einbinden aller Kinder ins Gruppengeschehen ● Einüben von Kooperation und Rücksichtnahme

Wissenswertes über Feen

Feen tragen ebenso wie andere Naturwesen zum Erhalt des Pflanzen-, Tier- und Mineralreichs bei. Manche Mythologien beschreiben Feen als kleine, menschenähnliche Gestalten mit schmetterlingsähnlichen Flügeln. Meist sind diese übernatürlichen geisterhaften Wesen weiblichen Geschlechts. Sie sollen von ungewöhnlicher Schönheit sein und über eine üppige Haarpracht verfügen.

Verschiedene Märchen und Sagen erzählen, wie die Wesen des Feenreichs in das Schicksal der Menschen eingreifen. Die »guten Feen« sind den Menschen gegenüber wohlwollend eingestellt. Sie gewähren drei Wünsche und können Unheil abwenden. Die »bösen Feen« bringen den Menschen oftmals Unheil und schwere Schicksalsschläge. Alle Feen haben Zauberkräfte und können damit dem Zauber einer anderen Fee entgegenwirken. Im europäischen Kulturkreis haben Feen ihren Ursprung im heidnischen Göttinnen- und Priesterinnenkult. Der französische Begriff »fée« bedeutet »Zauberin« und geht auf das lateinische Wort »fatum« zurück, das mit Schicksal, Verhängnis oder auch Weissagung übersetzt werden kann. In Deutschland wurde der Begriff das Wort »Fee« erst im 18. Jahrhundert eingeführt, als die französischen Feenmärchen übersetzt und aufgeschrieben wurden.

Bodenbildgeschichte: Dunkelheit im Feenland

- **Bildungsbereich:** Sprachliche Bildung / Wahrnehmung und Bewegung / Ästhetisch-kreative Bildung
- **Alter:** ab 5 Jahre
- **Anzahl:** unbegrenzt
- **Ort:** drinnen
- **Material:** blaues Tuch, grüne und schwarze Tücher, glitzernde Papierfische, Papierblumen, Gänseblümchen, Trockenblumen, Zweige, Stöckchen, Vasen, Steine, gelbe Perlen, gelbe Papierstreifen, Teelicht im Glas, Feuerzeug

Lesen Sie den Kindern die folgende Geschichte vor und gestalten Sie beim Vorlesen gemeinsam ein Bodenbild mit den bereit gelegten Materialien. Durch ihre aktive Mitwirkung verinnerlichen die Kinder die gehörten

Inhalte besser. Gleichzeitig haben sie die Möglichkeit, die
Inhalte ohne Worte darzustellen. Beim Legen des Bodenbildes werden weder die Feen noch der Zauberer sichtbar. Diese bleiben in der
Fantasie der Kinder. Am Ende der Geschichte wird ihre direkte Beteiligung
gebraucht, um die Feen wieder fröhlich zu machen.

Das Feenland liegt an einem großen blauen See. (Blaues Tuch auslegen.) *Glitzernde Fische schwimmen darin.* (Glitzerfische darauf verteilen.) *Der See ist von grünen Blumenwiesen und Wäldern umrandet.*
(Grüne Tücher um das blaue Tuch legen. Blumen ausstreuen, kleine
Stöckchen auslegen und Zweige in Vasen aufstellen.) *Glänzend schön
scheint die warme Sonne im Feenland.* (Perlen, Muggelsteine, gelbe
Filz- oder Papierstreifen auslegen. In der Mitte ein brennendes Teelicht
im Glas aufstellen.)

*Die Feen lieben ihr Land. Am frühen Morgen sitzen sie auf den Steinen
am Seeufer und lassen ihre Beine ins Wasser baumeln. Vom Mittag bis
zum Abend tanzen sie ihre Feenreigen.*

*So schön könnte jeder Tag im Feenland sein! Doch leider wohnt der
böse Zauberer Zawalo am Rande des Feenlandes in seinem dunklen
Haus.* (Aus einem schwarzen Tuch ein Haus falten und es mit Steinen
und kleinen Stöcken verzieren.) *Den ganzen Tag sitzt er auf dem Berg
neben seinem Haus und schaut missmutig den tanzenden Feen zu.
Eines Tages kann er das fröhliche Treiben nicht mehr ertragen und mur-
melt einen schrecklichen Zauberspruch:*

> *»Zi, Za, Zauberei,*
> *mit der Feenfröhlichkeit ist's jetzt vorbei.*
> *Vorbei ist die helle Zeit,*
> *Dunkelheit, mache dich bereit!«*

*Kaum hat er das letzte Wort gesprochen, verschwindet die Sonne hinter
einer dunklen Wand.* (Kerze auspusten. Mit einem großen schwarzen
Tuch die Sonne bedecken.) *Und mit ihr verschwinden ihre Wärme und
ihr Licht.* (Weitere schwarze Tücher über das Feenland legen.) *Er-
schrocken verstummen die Feen. Ängstlich ziehen sie sich in ihre
Verstecke zurück. Sie ahnen, dass hinter der Dunkelheit nur der böse
Zauberer Zawalo stecken kann.*

*Wie ihr bestimmt wisst, können Feen zwar fremde Wünsche erfüllen,
aber nicht ihre eigenen. Das können nur Menschenkinder. Ihr seid jetzt*

die Einzigen, die den Feen helfen können. Wenn ihr um das Feenland eine Schutzmauer bildet, erlischt der Bann des bösen Zauberers Zawalo und die Sonne kehrt zurück ... (Die Kinder bilden einen Kreis um das Feenland, fassen sich an die Hände und halten diese in die Höhe.) *Seht ihr? Kaum ist die Schutzmauer gebildet, verschwindet auch schon die Dunkelheit.* (Die schwarzen Tücher langsam fortnehmen.) *Nun scheint die Sonne wieder glänzend schön.* (Das Teelicht wieder anzünden.) *Die Feen sind außer sich vor Freude und tanzen lachend umher.*
Und was ist mit dem bösen Zauberer Zawalo? Eure Schutzmauer hat sich in eine Steinmauer verwandelt und um das Feenland gelegt. (Steine und Stöcke um das Feenland legen.) *Nun kann der böse Zauberer Zawalo den Feen nichts mehr zuleide tun und die Feen können wieder in Ruhe in ihrem Feenland leben.*

 Verzauberter Feenschleier

- **Bildungsbereich:** Wahrnehmung und Bewegung
- **Alter:** ab 4 Jahre
- **Anzahl:** unbegrenzt
- **Ort:** drinnen
- **Material:** Augenbinden oder Tücher, Chiffontücher

Bei diesem ruhigen Bewegungsspiel werden die taktile und kinästhetische Wahrnehmung (Tiefenwahrnehmung) gefördert. Erzählen Sie zur Einstimmung folgende Kurzgeschichte:

Im Feenreich lebt die böse Fee Gundula. Bei Dunkelheit schleicht sie herum und versteinert alle Feen mit ihren verzauberten Feenschleiern. Glücklicherweise kann die gute Fee Finja im Dunkeln sehr gut sehen und befreit die anderen Feen aus ihrer Verzauberung.

Bevor das Spiel beginnt, verteilen Sie die Rollen für die böse Fee Gundula und die gute Fee Finja. Die anderen Kinder spielen die Feen und bewegen sich mit geschlossenen oder verbundenen Augen vorsichtig durch den Raum.

Die böse Fee Gundula schleicht leise von Fee zu Fee. Sobald sie ihren verzauberten Feenschleier einer Fee auf den Kopf legt, erstarrt diese augenblicklich. Nur die gute Fee Finja kann sie aus der Verzauberung befreien, indem sie den Schleier wieder vorsichtig vom Kopf nimmt.

Glitzernder Feenspiegel

- **Bildungsbereich:** Ästhetisch-kreative Bildung
- **Alter:** ab 4 Jahre
- **Anzahl:** unbegrenzt
- **Ort:** drinnen
- **Material:** Spiegelscheiben, Spanplatten, Säge, Schleifpapier, Heißklebe-pistole, Klebstoff, Glitzerstifte, Glitzersteine, Perlen, Glitter, Farbe, Pinsel

Sägen Sie für jeden Feenspiegel eine Holzplatte aus, die an allen Seiten etwa 2 Zentimeter breiter als die Spiegelfläche ist. Mit Schleifpapier glätten die Kinder die Ränder der Holzplatte. Anschließend wird der Spiegel mit Heißkleber auf der Holzplatte fixiert. Nun darf jedes Kind den überstehenden Rand seines Spiegels nach eigenen Vorstellungen mit glitzernden Materialien verzieren.

Magischer Feenstab

- **Bildungsbereich:** Ästhetisch-kreative Bildung
- **Alter:** ab 3 Jahre
- **Anzahl:** unbegrenzt
- **Ort:** drinnen
- **Material:** bunte Bänder, Farbe, Pinsel, Pappsterne, Glitter, Klebstoff, Heißklebepistole, für jedes Kind 1 dünnen Holzstab

Damit die Kinder wie Feen zaubern können, brauchen sie natürlich einen Zauberstab. Sie umwickeln einen dünnen Holzstab mit bunten Bändern oder bemalen ihn mit Wasser- oder Plakafarbe. Auf die noch feuchte Farbe streuen sie vorsichtig Glitter. Die Oberfläche vom Griff sollte ausgespart werden, damit die Farbe nicht abfärbt. Dann schneiden die Kinder einen Pappstern aus und verzieren diesen ebenfalls. Den fertigen Glitzerstern kleben sie an die Spitze ihres Stabes und binden darunter bunte Bänder.

Fantastischer Feenhut

- **Bildungsbereich:** Ästhetisch-kreative Bildung
- **Alter:** ab 3 Jahre
- **Anzahl:** unbegrenzt
- **Ort:** drinnen
- **Material:** Gardinentüll, Fotokarton, Tacker, Klebstoff, Kreisschablone, Hutgummi, Scheren, Glitzerstifte, Glitzerfolie, Pailletten, kleine Perlen

Bereiten Sie eine Kreisschablone vor und übertragen Sie diese auf Fotokarton. Den ausgeschnittenen Kreis drehen Sie zu einem Kegel und tackern oder kleben den Rand fest. An der Spitze befestigen Sie Tüllstreifen. Damit der Hut beim Tragen nicht vom Kopf rutschen kann, befestigen Sie am unteren Hutrand ein Gummiband. Mit Glitzerstiften, Glitzerfolie sowie Pailletten und Perlen verzieren die kleinen Feen ihre Hüte.

Dekorative Feengläser

- **Bildungsbereich:** Ästhetisch-kreative Bildung
- **Alter:** ab 3 Jahre
- **Anzahl:** unbegrenzt
- **Ort:** drinnen
- **Material:** Glitzer, Pailletten, glitzernde Streuartikel, Klebstoff, für jedes Kind 1 Plastiksektglas

Im eigenen Feenglas schmeckt die magische Tautropfenbowle (siehe Seite 78-79) noch besser. Die Kinder waschen ein Plastikglas aus und trocknen es sorgfältig ab. Anschließend kleben sie Glitzer, Pailletten oder glitzernde Streuartikel darauf. Versehen Sie die fertigen Feengläser mit den Namen der Kinder, damit es nicht zu Verwechslungen kommt.

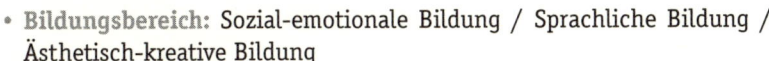

Geheimnisvoller Wunschbriefkasten

- **Bildungsbereich:** Sozial-emotionale Bildung / Sprachliche Bildung / Ästhetisch-kreative Bildung
- **Alter:** ab 4 Jahre
- **Anzahl:** unbegrenzt
- **Ort:** drinnen
- **Material:** Stifte, Zettel, mit Glitzerpapier verzierter Wunschbriefkasten, Brief von der Fee, Plakat mit der Überschrift »Wand der erfüllten Wünsche«

Legen Sie die vorab gestalteten Materialien so aus, dass die Kinder diese gemeinsam finden. Welch eine Überraschung! Eines Tages steht eine wunderschöne Kiste im Raum und daneben liegt ein Brief an die Kinder. Lesen Sie den Brief vor:

Liebe Kinder,
ich bin die gute Fee Finja und schenke euch diese besondere Kiste. Diese Kiste ist ein Wunschbriefkasten. Jedes Kind darf einen Wunsch auf einen
Zettel malen. Ihr könnt euch wünschen, was ihr gerne zusammen unternehmen oder spielen wollt. Ihr dürft mir auch malen, welche neuen Spielsachen und Bücher ihr gern in der Gruppe hättet. Ist euer Wunschzettel fertig, werft ihr ihn in den Wunschbriefkasten. Danach müsst ihr den Wunschkasten vorsichtig schütteln.
Da ich ständig unterwegs bin, um auch die Wünsche der anderen Menschen zu erfüllen, kann ich eure nicht immer sofort erfüllen. Wenn es euch zu lange dauert, dürft ihr den Wunschbriefkasten ab und zu vorsichtig schütteln. Habe ich einen Wunsch erfüllt, dann nehme ich den Zettel heraus und hänge ihn an die »Wand der erfüllten Wünsche«. Nun überlegt euch gut, welche Wünsche ich euch erfüllen soll.
Bis bald. Eure Fee Finja

Nach dieser Überraschung werden die Kinder sicherlich sehr aufgeregt sein und angeregt diskutieren, welche Wünsche ihnen die Fee Finja erfüllen könnte. Der Wunschbriefkasten motiviert die Kinder, sich am Gruppengeschehen zu beteiligen und ihre Wünsche bewusst zu äußern. Spannend wird es, wenn ein Wunschzettel plötzlich an der »Wand der erfüllten Wünsche« hängt und dieser Wunsch in Erfüllung geht.

Kräuterkunde mit der Feenkönigin

Alle Kräuterfeen sind in der Pflanzenheilkunde sehr erfahren. Die Feenkönigin gibt ihr Wissen an alle Feenkinder weiter. Auch die Kinder sind in die Feenschule eingeladen und verwandeln sich bei diesen Angeboten in kleine Feen.

Verwandlung in Kräuterfeen

- **Bildungsbereich:** Natur, Technik und Lebenswelt / Ästhetisch-kreative Bildung
- **Alter:** ab 4 Jahre
- **Anzahl:** unbegrenzt
- **Ort:** drinnen oder draußen
- **Material:** Stifte, weiße Pappkärtchen, Laminiergerät und Folien, Locher, Bänder, Naturführer

Bevor Sie mit den Kindern zu den Kräutererkundungen starten, gibt sich jeder einen Feennamen, der von Blumen oder Kräutern abgeleitet ist. Möglicherweise heißen Sie als Feenkönigin »Lavendelfeekönigin« und die Kinder »Rosenblattfee«, »Veilchenblütenfee« oder »Glückskleefee«. Während der Exkursionen sprechen sich die Kinder nur mit ihren Feennamen an. Auf diese Weise identifizieren sie sich spielerisch mit ihrer Rolle als Naturwesen.

Damit sie sich die neuen Namen besser einprägen, gestaltet jede Kräuterfee eine eigene Namenskarte mit ihrem Feennamen und einem Bild von der entsprechenden Pflanze. Falls die Kinder nicht genau wissen, wie die gewählten Feenpflanzen aussehen, schlagen sie in einem Naturführer nach.

Um die fertig gestalteten Namenskarten vor Schmutz und Nässe zu schützen, werden sie laminiert. Anschließend wird jede Karte gelocht und mit einem Halsband versehen. Nun können die Feenkarten um den Hals getragen werden.

Feenpflanzen erforschen

- **Bildungsbereich:** Natur, Technik und Lebenswelt
- **Alter:** ab 5 Jahre
- **Anzahl:** unbegrenzt
- **Ort:** draußen
- **Material:** Wegkarte, Stifte, Bilder von Feenpflanzen, Decke, Tonkarton, Klebstoff, Fotoapparat, ausgedruckte Fotos

Führen Sie als Feenkönigin die Feenkinder zu den Pflanzen, die für die Naturwesen eine magische Bedeutung haben. Bereiten Sie Fotokarten von diesen Blumen, Kräutern und Bäumen vor. Fertigen Sie außerdem eine Wanderkarte mit den magischen Orten an, zu denen Sie mit den Kindern gehen wollen. Die Kinder folgen dem Weg auf der Karte. Bei jedem Stopp erhalten sie eine Fotokarte mit der Pflanze, die sie suchen und ausgiebig erforschen sollen.

Bevor die Feenkinder ihre Erkundungen beginnen, setzen Sie sich mit allen gemeinsam im Kreis auf den Boden und erzählen Sie den Kindern von der Bedeutung der Pflanzen im Feenreich.

- Der Apfelbaum hat eine uralte mythologische und magische Geschichte. Er ist der Lieblingsbaum des Einhorns, unter dem es sich besonders gern aufhält. Auch viele Feen besiedeln den Baum zur Blütezeit und verhelfen ihm so zu seiner Ausstrahlung.
- Das kleine Gänseblümchen wächst fast überall. Frisch gepflückt sind die nussigen Blüten eine sehr beliebte Nascherei im Feenreich. Getrocknete Gänseblümchen bringen den Menschen Glück, wenn diese am Johannistag in der Mittagszeit zwischen 12 und 13 Uhr gepflückt und getrocknet werden. Wer diese Feenblumen bei sich trägt, dem gelingt jede Arbeit.
- Die Taubnessel ähnelt der Brennnessel, besitzt jedoch keine Brennhaare. Die Feen trinken den Nektar der Blüten sehr gerne, um ihren Durst zu löschen.
- Der unscheinbare Wegerich wächst auf vielen Grünflächen. Er ist eine Heilpflanze, die in keiner Erste-Hilfe-Apotheke fehlen darf. Die

Feen verwenden den Extrakt der Blätter vor allem bei Insektenstichen. Den Menschen hilft er nach langen Wanderungen, wenn ihre Füße voller Blasen sind.

– Der Weißdorn ist als Treffpunkt und Wohnort bei allen Feen sehr beliebt.

– Die Erle wächst so nah am Wasser, dass sie eine Zwischenwelt symbolisiert. Das Tor führt aus dem Erlenreich direkt in die nebelige und dunkle Anderswelt, wo auch die Feen tanzen.

Vielleicht entdecken die Feenkinder auf ihrer Exkursion noch weitere Pflanzen, von denen sie annehmen, dass diese von Feen bewohnt oder geliebt werden. Lassen Sie sich genau erklären, weshalb die Kinder bei diesen Pflanzen eine magische Bedeutung vermuten. Anschließend machen die Kinder von jeder Feenpflanze ein Foto für eine Collage mit dem Titel »Blumen, Kräuter und Bäume der Feen«. Sie dient später als Wanddekoration und lädt Eltern wie Kinder zum Verweilen ein.

Feenhustenbonbons aus der Kräuterküche

- **Bildungsbereich:** Natur, Technik und Lebenswelt / Ästhetisch-kreative Bildung
- **Alter:** ab 5 Jahre
- **Anzahl:** unbegrenzt
- **Ort:** drinnen
- **Material:** 20 Salbeiblätter, 200 Gramm Zucker, Brettchen, Messer, Topf, 2 Teelöffel, Öl, Backpapier

Auch Feenkinder leiden manchmal unter Halsschmerzen, gegen die selbst hergestellte Salbeibonbons am besten helfen.

Pflücken Sie mit den Kindern 20 Salbeiblätter und hacken Sie diese möglichst fein. Erhitzen Sie 200 Gramm Zucker in einem Topf. Bevor die Masse braun wird, geben Sie die gehackten Salbeiblätter hinzu und lassen Sie das Gemisch kurz aufkochen. Anschließend geben die Kinder die heiße Masse mit zwei Teelöffeln auf einen Bogen eingefettetes Backpapier und formen sie zu kleinen Bonbons. Danach lassen sie die weichen Salbeibonbons abkühlen, bis diese fest sind und in einer Dose aufbewahrt werden können.

Kräuterseife aus dem Feenland

- **Bildungsbereich:** Natur, Technik und Lebenswelt / Ästhetisch-kreative Bildung
- **Alter:** ab 5 Jahre
- **Anzahl:** unbegrenzt
- **Ort:** drinnen und draußen
- **Material:** Rohseife aus dem Bastelladen, leere Joghurtbecher, Kräuter, Blumen, Blütenblätter, ätherische Duftöle (Vanille, Zitrus, Lavendel), Topf, Schale, Rührlöffel

Gehen Sie als Feenkönigin mit den Kindern in die Natur, um je nach Jahreszeit Gänseblümchen, Veilchen, Margeriten, Lavendelblüten oder Rosenblätter zu pflücken. Unter Ihrer Anleitung lernen die Kinder durch eigenes Wissen und mit Hilfe von Naturführern die verschiedenen Pflanzen kennen und bestimmen. Motivieren Sie die Feenkinder mit gezielten Fragen zur intensiven Beschäftigung mit den Pflanzen:
- Wie sehen die Planzen aus und welche Farben haben sie?
- Welches Aussehen gefällt den Kindern am besten?
- Wie riechen die Blumen, Blätter und Blüten der Pflanzen?
- Welchen Duft empfinden die Kinder als besonders angenehm?
Bevor die Seifenherstellung beginnt, waschen und zerkleinern die Kinder die gesammelten Pflanzen. Dann wird die Rohseife im Wasserbad geschmolzen und in leere Joghurtbecher gegossen. Nun verzieren die Kinder ihre Seife mit den gesammelten Pflanzen. Wer duftende Seife mag, gibt noch einige Tropfen seiner Duftstoffe hinzu. Um Blasenbildung zu vermeiden, rühren die Feenkinder die Öle vorsichtig unter die Seifenmasse. Zum Schluss stellen sie ihre Seife in den Kühlschrank, bis sie fest ist. Da sich bestimmt jeder gerne mit den fertigen Feenseifen die Hände wäscht, eignen sie sich hervorragend als Geschenke.

4. Mit den Zwergen im Bergwerk

Zwerge sind bekannt aus Geschichten und Märchen. Durch ihre winzige Körpergröße empfinden die meisten Kinder diese Naturwesen als freundlich, so dass sie sich bei dieser Angebotsreihe sicher gerne in Zwerge verwandeln. In verschiedenen Rollenspielen erfahren sie Wissenswertes über das Element Erde und die Natur. Sie lernen typische Zwergentätigkeiten kennen und dürfen diese auch selbst ausprobieren.

Ziele
- Sensibilisierung für die Natur und ihren Schutz
- Förderung der Sprache und Bewegung
- Förderung der Fantasie und Assoziationsfähigkeit
- Schulung der Feinmotorik
- Schulung der Reaktionsfähigkeit
- Förderung der Sinnes- und Körperwahrnehmung
- Stärkung des sozialen Miteinanders
- Erweiterung der Handlungskompetenz

Methode
- Erde als Naturelement bewusst entdecken, wahrnehmen und erforschen
- mit Naturmaterialien gestalten
- Wahrnehmungs-, Finger- und Bewegungsspiele
- Bergarbeit und Schatzsuche als Gruppenerlebnis erfahren
- Kooperation und Rücksichtnahme einüben
- Heil- und Zauberwirkungen von Steinen kennen lernen

Wissenswertes über Zwerge

Zwerge wohnen im Erdinneren und kümmern sich um die Gesundheit der Erde. Sie hausen in Minen, in Höhlen und unter den Wurzeln. Durch ihre unterirdische Lebensweise bevorzugen sie die Dunkelheit, während sie auf Sonnenlicht empfindlich reagieren.

Erde erforschen

- **Bildungsbereich:** Wahrnehmung und Bewegung / Natur, Lebenswelt und Technik
- **Alter:** ab 3 Jahre
- **Anzahl:** unbegrenzt
- **Ort:** draußen
- **Material:** transparente Behälter, kleine Zettel, Stifte

Bestimmt wissen die Kinder, dass viele Zwerge im Erdreich leben und arbeiten. Gehen Sie gemeinsam in die Natur und entdecken Sie den Lebensraum dieser Naturwesen. Wahrscheinlich werden die Kinder schon bei ihren ersten Erkundungsgängen feststellen, wie verschieden Erde sein kann. Die Kinder füllen Erde von verschiedenen Orten in transparente Behälter und notieren die Fundorte auf kleinen Zetteln. In Kleingruppen finden sie heraus, wie sich die Bodenproben in Aussehen, Geruch und Beschaffenheit unterscheiden oder gleichen.

Warum ist das Erdreich so wertvoll?

- **Bildungsbereich:** Sprachliche Bildung / Natur, Lebenswelt und Technik
- **Alter:** ab 5 Jahre
- **Anzahl:** unbegrenzt
- **Ort:** draußen

Setzen Sie sich mit den Kindern an einem schönen Tag im Kreis auf eine Wiese oder unter einen Baum. Fragen Sie in die Runde, warum Erde so wichtig ist? Was wird aus Erde gemacht? Wer kennt Menschen, die in ihrem Beruf mit Erde arbeiten?

Bei einem anschließenden Spaziergang beobachten die Kinder genau, wer oder was in der Erde liegt und lebt. Zur Veranschaulichung dürfen sie mit dem Spaten vorsichtig etwas Erde aus dem Boden heben. Entdecken die Kinder, was darin kreucht und fleucht?

Zwerge aus Ton formen

* **Bildungsbereich:** Ästhetisch-kreative Bildung
* **Alter:** ab 5 Jahre
* **Anzahl:** unbegrenzt
* **Ort:** drinnen oder draußen
* **Material:** Ton, Wasser, Malkittel, Unterlagen

Bei diesem Angebot machen die Kinder sehr intensive und sinnliche Materialerfahrungen. An einem Ort mit besonders tonhaltiger Erde oder in der Werkstatt erhält jedes Kind einen Klumpen Ton. Nun soll es mit den Elementen Erde und Wasser fantasievolle Zwerge modellieren. Vielleicht macht den Kindern die Arbeit mit diesen Naturmaterialien so viel Spaß, dass sie für ihre kleinen Naturwesen noch Zubehör formen möchten.

Zwergenhäuser aus Naturmaterialien bauen

* **Bildungsbereich:** Ästhetisch-kreative Bildung
* **Alter:** ab 5 Jahre
* **Anzahl:** unbegrenzt
* **Ort:** Wald
* **Material:** Stöcke, Steine, Rindenstücke und andere Naturmaterialien

Für den Bau der Zwergenhäuschen sammeln die Kinder vier Stöcke mit jeweils einer Astgabelung sowie weitere Naturmaterialien. Die Stöcke werden mit der Astgabelung nach oben so in den Boden gesteckt, dass sie die Eckpfosten des Hauses bilden. Für das Dach legen sie kleinere Stöcke in die Astgabelungen. Zuerst werden die Seiten und dann die Diagonalen bestückt. Das fertige Dach wird mit Moos belegt, damit es undurchlässig wird. Den Vorgarten und das Innere des Hauses gestalten die Kinder mit Steinen, Stöcken, Rindenstücken und anderen Naturmaterialien.

Die Welt aus der Zwergenperspektive betrachten

- **Bildungsbereich:** Wahrnehmung und Bewegung
- **Alter:** ab 5 Jahre
- **Anzahl:** unbegrenzt
- **Ort:** drinnen oder draußen
- **Material:** Fernglas, Fernrohr

In der Zwergenwelt ist alles ganz winzig. Ein Blick in ein umgedrehtes Fernrohr oder Fernglas gibt den Kindern eine Vorstellung, wie klein Dinge und Menschen aussehen können. Bestimmt haben sie viel Spaß, wenn sie ihre Welt aus der Zwergenperspektive betrachten dürfen.

Der Oberzwerg erwacht!

- **Bildungsbereich:** Wahrnehmung und Bewegung
- **Alter:** ab 3 Jahre
- **Anzahl:** unbegrenzt
- **Ort:** drinnen oder draußen

Verpacken Sie dieses Bewegungsspiel in einer kleinen Mitmachgeschichte. So sind alle Kinder angehalten, genau zuzuhören und ihre Rolle passend zum Text zu spielen. Zunächst verwandeln sich alle Kinder in Zwerge und wählen ihr Oberhaupt. Dann kann das Spiel beginnen:

Der Oberzwerg hat den ganzen Tag im Bergwerk gearbeitet. Nun ist er so müde, dass er sich sofort in seine Hängematte legt und einschläft. Doch er schläft sehr unruhig. Irgendetwas kitzelt ihn am Fuß, an der Nase ... Der Oberzwerg erwacht! Er springt auf und rennt los, um die Zwerge zu fangen ... Jetzt ist nur noch ein Zwerg übrig geblieben. Er wird nun zum neuen Oberzwerg ernannt. Damit der alte Oberzwerg endlich schlafen kann, geht jetzt der neue Oberzwerg ins Bergwerk. Dort arbeitet er so lange, bis er müde ist ...

Fingerspiel: Die erfolgreiche Schatzsuche

- **Bildungsbereich:** Sprachliche Bildung / Wahrnehmung und Bewegung
- **Alter:** ab 3 Jahre
- **Anzahl:** unbegrenzt
- **Ort:** drinnen oder draußen

Viele kleine Zwerge	Alle Finger hoch halten und einzeln bewegen.
arbeiten im Berge.	Beide Hände stellen einen Berg dar.
Dabei tragen sie Zipfelmützen,	Beide Hände formen eine Zipfelmütze.
die sie vor der Kälte schützen.	Arme vor der Brust verschränken. Die rechte Hand reibt den linken Arm, die linke Hand den rechten Arm.
Stein für Stein hacken und hämmern sie klein.	Mit beiden Händen pantomimisch hämmern.
Endlich finden sie die begehrten Schätze.	Unsichtbare Steine in die Höhe halten.
Das Gold und Silber verstecken sie an geheime Plätze.	Pantomimisch die Steine in Hosentaschen und am Körper verstecken.
Fröhlich tanzen danach die Zwerge, rauf und runter auf ihrem Berge.	Alle Finger bewegen sich tanzend hin und her, auf und nieder.

Zauberer Mirakloch, fang uns doch!

- **Bildungsbereich:** Wahrnehmung und Bewegung
- **Alter:** ab 5 Jahre
- **Anzahl:** unbegrenzt
- **Ort:** drinnen oder draußen
- **Material:** Stock, Tesakrepp oder Kreide

Auf dem Boden ist ein 2 x 2 Meter großes Zauberschloss markiert. Darin sitzt ein Kind, das den Zauberer Mirakloch spielt. Die anderen Kinder verwandeln sich in Zwerge, die um das Schloss herum tanzen und dabei singen: »Zauberer Mirakloch, fang uns doch!« Gleichzeitig versuchen sie immer wieder, das Zauberschloss zu durchqueren. Sie müssen sehr vorsichtig sein, denn der Zauberer will sie abschlagen. Wer als Erster von ihm berührt wird, spielt in der nächsten Runde den Zauberer.

Schatzsuche in der Erde

- **Bildungsbereich:** Sprachliche Bildung / Wahrnehmung und Bewegung
- **Alter:** ab 3 Jahre
- **Anzahl:** Kleingruppen à 3-4 Kinder
- **Ort:** drinnen oder draußen
- **Material:** Erde, Glasnuggets, Kieselsteine, kleine Stöcke, Tücher, für jede Kleingruppe 1 große Plastikwanne und 1 Unterlage

Bei diesem Angebot beschäftigen sich die Kinder intensiv mit dem Naturelement Erde. In Kleingruppen spüren, fühlen, untersuchen und be-greifen sie, was sich in der Erde befindet.
Jede Kleingruppe erhält eine größere Plastikwanne, die mit Erde, kleinen Stöcken und verschiedenen Steinen gefüllt ist. Regen Sie die Kinder mit folgendem Gedicht zum Erforschen, Befühlen und Betrachten der Erde an:

In der tiefen dunklen Erde sind kostbare Steine versteckt.
Grabt und buddelt darin, bis ihr sie entdeckt.
Wer findet einen Stein rund und glatt?
Wer findet einen Stein glänzend oder matt?
Wer findet einen Stein spitz oder eckig?
Wer findet einen Stein bunt oder fleckig?

Manche Steine glänzen im Sonnenlicht,
jedoch können sie das in der Erde nicht.
Wer findet einen schönen Stein?
Grabt ihn aus und putzt ihn rein.

Wahrscheinlich finden die Kinder mehrere schöne Steine, so dass sie sich nach ausgiebigem Befühlen für einen entscheiden müssen. Sie säubern ihren Schatz und begutachten ihn. Dann werden alle Steine herumgereicht.

Mit Hammer und Meißel im Bergwerk arbeiten

- **Bildungsbereich:** Ästhetisch-kreative Bildung
- **Alter:** ab 4 Jahre
- **Anzahl:** unbegrenzt
- **Ort:** draußen
- **Material:** stabile 80 x 80 cm Holzplatte, Maschendraht, Kleister, Zeitungen, Gips, Wasser, Rührstab, Behälter, bunte Glasnuggets, Hammer, Meißel, Handschutz für Meißel, Kittel, Atemschutz, Zelt, Tücher, Stirnlampen, Taschenlampen, Schnur

Die Kinder verwandeln sich in Zwerge und fühlen sich in deren Haupttätigkeit ein. Sie dürfen in einem dunklen Berg mit Werkzeugen Edelsteine suchen und heraushämmern. Da dieses Angebot größerer Vorbereitungen bedarf, eignet es sich gut für ein Fest.

Errichten Sie auf einer Holzplatte einen hohen Berg aus Pappmaschee. Bauen Sie zunächst das Grundgerüst aus Maschendraht und bekleistern Sie dies mit mehreren Lagen Papierschnipseln. Lassen Sie den Berg einige Tage trocknen und bestreichen Sie ihn dann mit einer Schicht frisch angerührtem Gips. Die erste Gipsschicht bildet die Grundlage. In die nächsten Schichten drücken Sie viele kleine Steine. Zum Schluss bedecken Sie alle Steine mit einer dicken Gipsschicht, bis alle Schätze darunter verborgen sind.

Bauen Sie um den Gipsberg ein Zelt auf. Dies stellt den äußeren Berg dar,

der auf Wunsch, mit Tüchern verdunkelt werden kann. Im Zelt sorgen aufgehängte Taschenlampen für die nötige Beleuchtung. Jeweils zwei Zwerge dürfen das Bergwerk betreten. Ausgestattet mit Stirnlampen, Hammer und Meißel versuchen sie ihr Glück. Die gefundenen Edelsteine dürfen als Andenken mit nach Hause genommen werden.

Edelsteine und ihre Wirkung

Seit Jahrtausenden berichten zahlreiche Geschichten und Mythen von den Heil- und Zauberkräften der Edelsteine. Auch heutzutage werden sie nicht nur als Schmuck, sondern auch als Amulett oder Talisman getragen. Obwohl die heilende Wirkung der Steine bisher nicht wissenschaftlich belegt ist, gehen die Anwender der Edelsteintherapie davon aus, dass diese Steine negative Schwingungen abbauen, verborgene Kräfte freisetzen und auf diese Weise Seele und Körper in Einklang bringen. Im Gegensatz zur esoterischen Steintherapie konnte die Naturwissenschaft die enorme Speicherfähigkeit der Quarzkristalle nachweisen und verwendet diese als Speicherchips in der Computertechnologie.

Edelsteine erforschen

- **Bildungsbereich:** Natur, Lebenswelt und Technik / Sprachliche Bildung
- **Alter:** ab 6 Jahre
- **Anzahl:** unbegrenzt
- **Ort:** drinnen
- **Material:** Mikroskop, Lupe, Steinbestimmungsbücher, Steine mit so genannter Heil- oder Zauberwirkung, großes Tuch

Bilden Sie mit den Kindern einen Sitzkreis auf dem Boden. In der Mitte liegt ein Tuch, auf dem Edelsteine ausgebreitet sind, denen eine Heil- oder Zauberwirkung nachgesagt wird. Geben Sie jeweils einen Stein im Kreis herum, damit alle Kinder die Steine befühlen und intensiv betrachten können. Nach jeder Runde erklären sie, was ihnen an dem Stein gefällt und welche Zauberwirkung er haben könnte. Vielleicht kennen sie sogar die Namen der herumgereichten Steine. Ergänzen und korrigieren Sie alle Aussagen der Kinder.

Nach diesem Gedankenaustausch werden die Steine auf einen Tisch gelegt, damit die Kinder ihre eigenen Untersuchungen starten und ihre Erkenntnisse vertiefen können. Sie dürfen die Steine waschen, wiegen, unter der Lupe oder dem Mikroskop untersuchen und mit einem Lineal abmessen. Ihre Erkenntnisse halten sie in einem Heft mit Bildern oder Notizen fest.

Edelsteine und ihr Aussehen   Zauber- und Heilwirkung

Edelsteine und ihr Aussehen	Zauber- und Heilwirkung
Hyazinth: rötlich und orangefarben	Als Kollier oder Ring ein Glücksbringer. Er vertreibt böse Geister, erleichtert die Geburt.
Jade: weiß-grün bzw. grün bis grüngrau	Symbol für das Leben, echte Menschlichkeit, Treue und Zuverlässigkeit.
Karneol: rötlich	Blutstein, helfende Wirkung bei Hautkrankheiten, Schutz vor Verzauberung und Zorn.
Katzenauge: rötlich und braune Färbung	Schutz vor bösen Blicken und Verhexungen, Heilung bei Seh- und Konzentrationsschwächen.
Onyx: Wechsel von schwarzen und weißen, schwach durchscheinenden Lagen	Schutzstein, Symbol für Kraft und Stärke.

Schatzsuche mit Hindernissen

- **Bildungsbereich:** Sprachliche Bildung / Wahrnehmung und Bewegung / Ästhetisch-kreative Bildung / Sozial-emotionale Bildung
- **Alter:** ab 4 Jahre
- **Anzahl:** unbegrenzt
- **Ort:** draußen oder drinnen
- **Material:** Hinweiszettel, Schatzkarte, Schatzkiste, Edelsteine, Schokoladengoldtaler, Papier, Stifte, Tonkarton, Klebstoff, Schnur, Materialien für den Hindernisparcours, Tücher, Naturmaterialien

Stimmen Sie die Kinder mit einer kurzen Geschichte auf die Schatzsuche ein. Der Weg zum Schatz führt über mehrere Stationen, an denen die Kinder Aufgaben lösen und Hindernisse bewältigen müssen. Danach erhalten sie von Ihnen einen neuen Hinweiszettel mit dem Weg zur nächsten Station. An der letzten Station erwartet sie eine Schatzkarte, die sie zum ersehnten Schatz führt.

Nicht weit von hier leben viele Zwerge. Tagein, tagaus suchen sie nach den Schätzen dieser Erde. Wer einen Edelstein findet, zeigt ihn fröhlich herum. Am Ende des Tages nehmen die Zwerge ihre Schätze mit, um sie in den Schatzkammern ihrer Erdlöcher, Felsnischen und Höhlen aufzubewahren. Mittlerweile stapeln sich dort unzählige glitzernde Steine bis

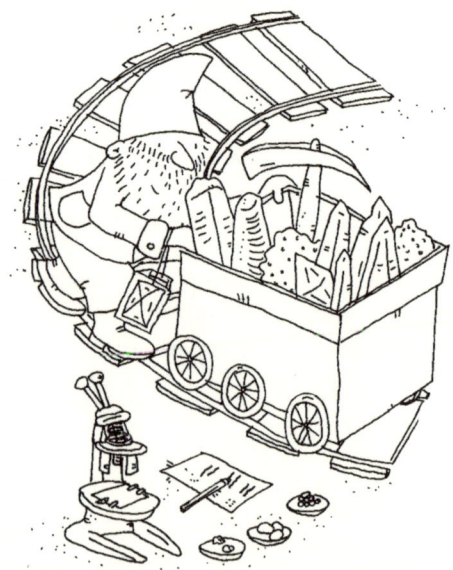

zur Decke. Was nun? Ein Zwerg hatte eine Idee:
Wie wäre es, wenn es jedes Jahr einen Zwergen-Schatz-Verschenktag
geben würde? Alle Zwerge waren von dieser Idee so begeistert, dass es
seither jedes Jahr einen Zwergen-Schatz-Verschenktag gibt.
Anscheinend haben die Zwerge dieses Jahr unsere Gruppe ausgesucht.
Denn hier ist ein Zettel, auf dem steht: »Heute ist Zwergen-Schatz-
Verschenktag. Wir wünschen euch viel Spaß und Glück bei der Suche
nach eurem Zwergenschatz! Seid ihr bereit?

Bei der Vorbereitung und Gestaltung der Stationen sind Ihrer Fantasie keine Grenzen gesetzt. Sie entscheiden über deren Anzahl, Art und Schwierigkeitsgrad.

Station 1: Die Kinder machen sich so klein wie Zwerge und gehen im Gänsemarsch eine vorgegebene Strecke entlang.

Station 2: Jedes Kind malt einen Zwerg auf ein kleines Blatt Papier und klebt das fertige Bildchen auf eine gemeinsame Collage, die später als Erinnerung im Gruppenraum aufgehängt wird.

Station 3: Die Kinder bewältigen einen Hindernisparcours, bei dem sie sich klein wie Zwerge machen müssen. So krabbeln sie unter Brücken, durch Tunnel und Zaubernetze hindurch, ohne diese zu berühren.

Station 4: Die Kinder bauen mit Naturmaterialien und Tüchern eine Zwergenlandschaft, in der sich die Zwerge wohl fühlen.

Station 5: Die Kinder führen einen selbst erfundenen Zwergentanz vor.

Station 6: Die Kinder müssen Fragen über Zwerge richtig beantworten.
– Bei wie vielen Zwergen hat Schneewittchen gewohnt? *Sieben.*
– Wo arbeiten die Zwerge? *Im Bergwerk.*
– Was tragen die Zwerge auf dem Kopf? *Zipfelmützen.*
– Was wird bei dem Zwerg im Märchen »Schneeweißchen und Rosenrot« immer kürzer geschnitten? *Der Bart.*
– Welche Werkzeuge brauchen die Zwerge für ihre Arbeit? *Spitzhacke, Hammer, Meißel.*

Station 7: Endlich dürfen alle Kinder gemeinsam nach dem Schatz suchen. Haben sie die Schatzkiste gefunden, bilden sie einen Kreis um diese herum. Nun öffnet der Finder die Kiste. Der Schatz beinhaltet verschiedene Edelsteine und Schokoladengoldtaler. Die Taler dürfen gleich aufgeteilt und verzehrt werden. Die Edelsteine werden später genau erforscht und dienen danach als Dekoration für den Gruppenraum.

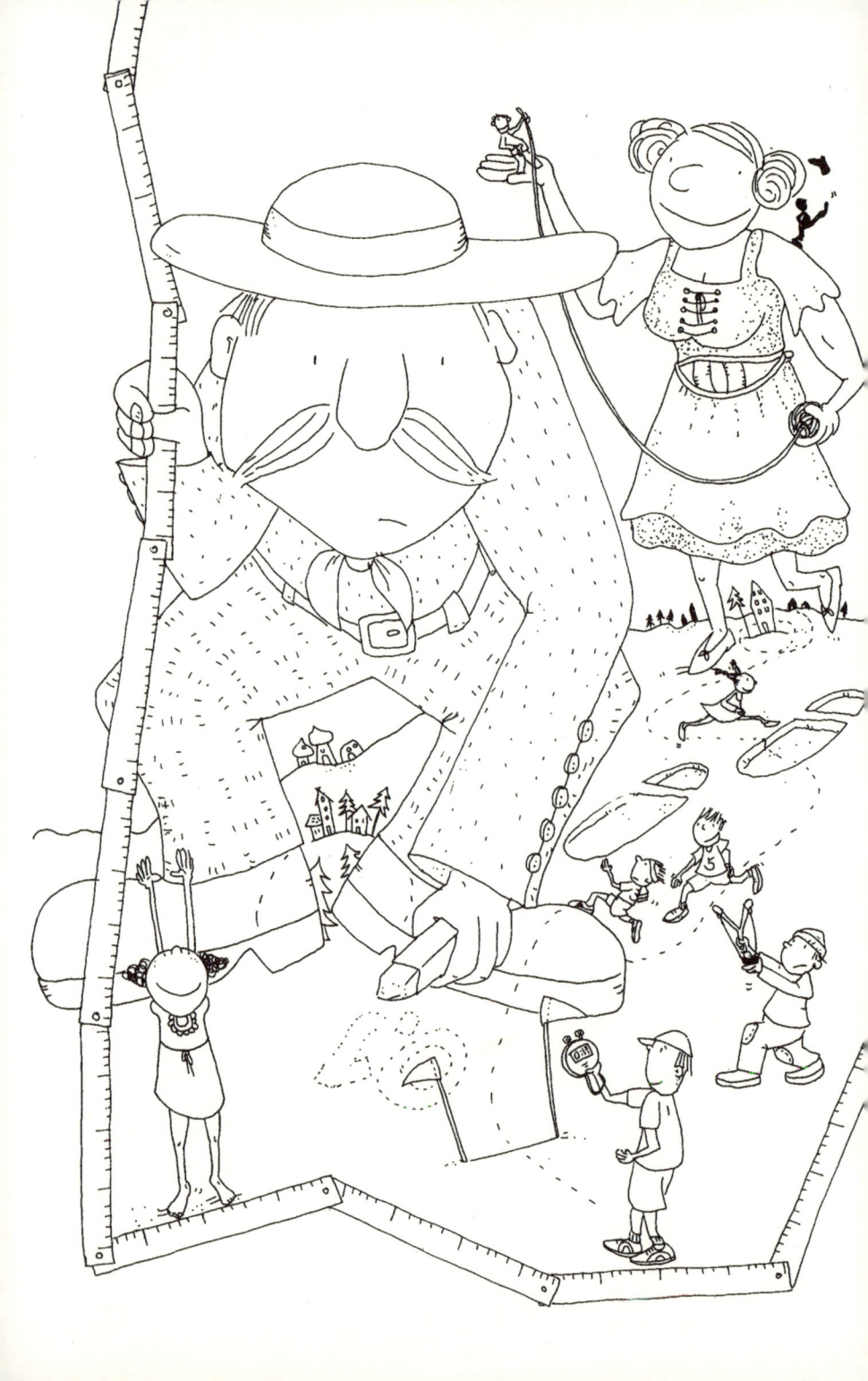

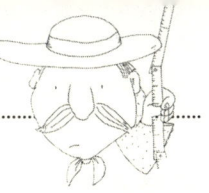

5. Wo die Riesen hausen

Wachstum und Größerwerden ist für kleine Kinder ein Thema, dass sie oft beschäftigt. Deutlich wird dies durch Aussagen wie »Ich bin schon groß!« oder »Ich bin größer als du!«.

Im folgenden Kapitel setzen sich die Kinder mit dem Erleben und der Wahrnehmung ihrer eigenen Körpergröße auseinander und vergleichen diese mit denen der anderen. Sie tauschen sich über Riesen aus, besuchen deren Land und fühlen sich in deren Rollen ein. Bei einer Eltern-Kind-Olympiade müssen die Kinder sich als kleine Riesen bei unterschiedlichen Disziplinen gegen große Riesen behaupten.

Ziele	○ Förderung der Körperwahrnehmung
	○ Zur inneren Ruhe finden - sich entspannen
	○ Schulung der Motorik und Geschicklichkeit
	○ Förderung der Fantasie und Assoziationsfähigkeit
	○ Förderung der Kreativität
	○ Schulung der Fähigkeit, Erlebtes in Wort oder Bild zu fassen
Methoden	● Auseinandersetzung mit der eigenen Körpergröße
	● Gespräche und Bildgeschichten über Riesen
	● Rollen-, Finger und Bewegungsspiele
	● Fantasiereise zur Entspannung
	● Wett- und Bewegungsspiele bei einer Olympiade

Wissenswertes über Riesen

Weltweit erzählen Mythen, Sagen und Märchen von übergroßen Menschen oder Wesen. Sogar die Bibel berichtet, wie König David den Riesen Goliath mit einer Steinschleuder zur Strecke gebracht haben soll. Einige schwach erkennbare versteinerte Fußspuren belegen, dass es schon in früheren Zeiten überdurchschnittlich große Menschen gab. Diese so genannten Riesen waren jedoch nur sehr groß gewachsene Menschen, die zumeist an einer Wachstumsstörung litten. Noch heute wird im westlichen Kulturkreis ein Mensch mit mehr als 2 Meter Körpergröße als Riese bezeichnet.

 ## Gespräch über Riesen

- **Bildungsbereich:** Sprachliche Bildung
- **Alter:** ab 4 Jahre
- **Anzahl:** unbegrenzt
- **Ort:** drinnen
- **Material:** Papier, Stifte

Bei einem Einstiegsgespräch tauschen sich die Kinder über ihre Vorstellungen von Riesen aus. Mit gezielten Nachfragen bewirken Sie, dass die Kinder intensiver über ihre Vorstellungen nachdenken und sich auf die Fantasieebene einlassen:
  – Was ist groß?
  – Was ist ein Riese?
  – Wie sehen Riesen aus?
  – Wo wohnen Riesen?
  – Wer kennt eine Geschichte über Riesen?
  – Wer hat schon einmal einen Riesen gesehen?
Notieren Sie die Aussagen der Kinder für Ihre Dokumentation und zum späteren Nachhalten des Gesagten. Geben Sie den Kindern die Möglichkeit, ihre Vorstellungen von Riesen aufzumalen und sich in die Rolle eines Riesen hinein zu versetzen:
  Stellt euch vor, ihr seid plötzlich riesengroß. Wie groß möchtet ihr dann sein? Was könntet ihr dann machen, was ihr jetzt nicht könnt?

Die persönliche Messlatte

- **Bildungsbereich:** Wahrnehmung und Bewegung / Ästhetisch-kreative Bildung
- **Alter:** ab 3 Jahre
- **Anzahl:** unbegrenzt
- **Ort:** drinnen
  - **Material:** für jedes Kind 1 Holzlatte, Vollton- oder Abtönfarben, verschiedene Pinsel, Zentimetermaß, Durchschlagpapier, Motive, Bleistifte, Lack, Glitzer, Pailletten, Foto von jedem Kind, Klebstoff

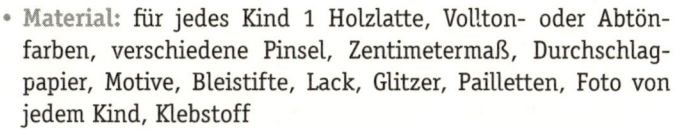

Jedes Kind erhält eine Holzlatte und gestaltet daraus seine persönliche Messlatte. Zeichnen Sie auf jede Holzlatte eine Skala mit 10 Zentimeter großen Maßeinheiten und unterteilen Sie diese mit 10 kleineren Strichen.

Die Gestaltung der Messlatte übernehmen die Kinder. Vielleicht haben sie ein Lieblingsmotiv, das sie mittels Durchschlagpapier auf das Holz übertragen, bunt ausmalen und kunstvoll verzieren möchten. Damit die Übergänge zwischen den Farben schöner wirken, werden sie mit einer feinen schwarzen Linie nachgezogen. Ist die Farbe getrocknet, werden die Messlatten lackiert und nochmals getrocknet. Dann klebt jedes Kind sein Foto an die Spitze seiner Latte, damit diese noch persönlicher wirkt.

Nach der Fertigstellung werden die Messlatten so aufgehängt, dass die Kinder während dieser Angebotsreihe von Zeit zu Zeit ihre Körpergröße nachmessen können. Markieren Sie die jeweilige Größe mit einem Stift und notieren Sie daneben das Datum.

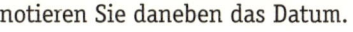

So riesig bin ich

- **Bildungsbereich:** Wahrnehmung und Bewegung
- **Alter:** ab 3 Jahre
- **Anzahl:** unbegrenzt
- **Ort:** drinnen
- **Material:** Kreide, Bausteinen, Tesakrepp, Zollstock, farbige Stifte

Bei diesen Angeboten erfahren die Kinder ihre Körperausdehnung. Sie vergleichen Größenverhältnisse und lernen die räumliche Ausdehnung des eigenen Körpers einschätzen. Wer fühlt sich größer als er ist? Wer ist der Riese oder die Riesin der Gruppe?

- Die Kinder finden sich paarweise zusammen. Ein Kind liegt ausgestreckt auf dem Boden, während sein Partner mit Kreide oder Bausteinen die Umrisse seines Körpers nachzeichnet. Danach stehen die liegenden Kinder vorsichtig auf und umranden nun auf die gleiche Weise die Körper ihrer Partner.
- Nacheinander stellen sich die Kinder vor eine Wand und springen aus dem Stand so hoch wie möglich. An der höchsten Stelle schlagen sie mit der Hand einmal gegen die Wand. Markieren Sie die getroffene Stelle.
- Kleben Sie für jedes Kind einen 1 Meter langen Kreppstreifen auf den Boden. Mit farbigen Stiften markiert es darauf die geschätzte Länge seiner Arme und Beine. Anschließend wird genau nachgemessen und das Ergebnis auf dem Kreppstreifen eingetragen. Stimmen die geschätzten Werte mit den tatsächlichen Maßen der Kinder überein?

Der Riese von Kyushu
Im Jahre 1986 entdeckte Professor Dr. Holger Preuschoft von der Ruhr-Universität in Bochum auf der japanischen Insel Kyushu einen riesigen 15 Millionen Jahre alten versteinerten Fußabdruck. Er nannte den Giganten mit den 44,3 Zentimeter langen Füßen Pedimpressopithecus japonicus – unbekannter Riese.

Riesenschritte mit langen Beinen

* **Bildungsbereich:** Wahrnehmung und Bewegung
* **Alter:** ab 3 Jahre
* **Anzahl:** unbegrenzt
* **Ort:** draußen
* **Material:** Kreide, Zollstock

Riesen haben lange Beine und machen
Riesenschritte. Das dürfen auch die
Kinder probieren. Wer schafft es, die
längsten Schritte zu machen? Bei
älteren Kindern markieren Sie die
Schrittlänge mit Kreide und messen
diese gemeinsam mit dem Zollstock nach.

Riesengroßes Bodenbild legen

* **Bildungsbereich:** Wahrnehmung und Bewegung / Ästhetisch-kreative
  Bildung
* **Alter:** ab 3 Jahre
* **Anzahl:** unbegrenzt
* **Ort:** drinnen
* **Material:** Sandsäckchen, Seile, Tücher, Matten, Kissen

Die Kinder haben die Aufgabe, gemeinsam mit den bereit gelegten
Sandsäckchen, Seilen, Tüchern, Matten und Kissen einen Riesen auf dem
Boden zu gestalten. Damit dies gelingt, müssen sie miteinander kommunizieren, sich absprechen und zusammenarbeiten. Ist der Riese fertig
gestaltet und sind alle Kinder mit dem Ergebnis zufrieden, fotografieren
Sie das entstandene Bild. Das Foto dient Ihrer Dokumentation oder kann
zur Erinnerung in die Projektmappe der Kinder geklebt werden.

Fantasiereise ins Land der Riesen

* **Bildungsbereich:** Wahrnehmung und Bewegung
* **Alter:** ab 6 Jahre
* **Anzahl:** bis 6 Kinder
* **Ort:** Raum ohne störende Einflüsse
* **Material:** Musikabspielgerät, Entspannungsmusik, Decken, Matratzen, Kissen, Malpapier, Stifte

Alle Kinder machen es sich auf Matratzen bequem und schließen die Augen. Im Hintergrund läuft eine ruhige Entspannungsmusik zur Einstimmung auf das folgende Angebot. Erklären Sie den Ablauf der Traumreise. So können die Kinder sich innerlich auf die Hintergrundmusik und die längere Entspannungszeit, in der nicht vorgelesen wird, einstellen.

Schließt eure Augen und konzentriert euch ganz auf euren Atem. Atmet leicht ein und aus. Ein ... und ... aus ... Während ihr leicht und ruhig atmet, wird euer Körper immer entspannter ...

Stellt euch jetzt vor, in diesem Raum liegt ein Teppich, den ihr noch nie gesehen habt. Er sieht weich aus. Ihr setzt euch darauf. Er fühlt sich flauschig an. Plötzlich erhebt sich der Teppich langsam in die Luft und schwebt mit euch aus dem Raum ...

Ihr habt keine Angst, sondern seid gespannt, wohin euch der fliegende Teppich bringt. Ihr spürt den warmen Wind auf eurer Haut. Unter euch sehen die Häuser und Bäume winzig aus. Der Teppich fliegt immer weiter. Auf einmal beginnt der Teppich zu wackeln. Ihr haltet euch fest und schaut vorsichtig hinunter. Ihr seht, wie der Teppich die Baumspitzen berührt ...

Langsam nähert sich der Teppich einer Wiese und landet mit einem leichten Ruck auf dem Boden. Ihr steigt ab und schaut euch um. Ringsherum stehen Bäume. Sie sind riesengroß. Ihre Stämme sind so breit wie ein Haus. Die Baumkronen verschwinden in den weißen Schäfchenwolken. Ihr dreht euch um und steht direkt neben einem dünnen Stamm. Er ist grün und duftet wunderbar. Erstaunt bemerkt ihr, dass dies eine riesige Blume mit einer roten Blüte ist ...

Plötzlich ertönt ein lautes Getrampel. Es hört sich an wie Pferdegetrappel. Doch es sind keine Pferde, sondern es ist ein Marienkäfer. Er ist doppelt so groß wie ihr. Zielstrebig krabbelt er an euch vorbei, ohne euch zu beachten ...

Wieder vernehmt ihr ein lautes Geräusch. Dieses Mal kommt es aus der Luft. Ist es ein Hubschrauber? Neugierig schaut ihr in den Himmel und haltet euch die Ohren zu. Ihr seht eine riesengroße Hummel. Wie ein Hubschrauber nähert sie sich den roten Blüten der Blume. Kaum ist sie darin gelandet, wird es ganz leise ...

Plötzlich bebt die Erde unter euren Füßen. Der Boden wackelt immer stärker, so dass ihr wie auf einem Trampolin auf und ab springt. Ein riesiges Mädchen kommt direkt auf euch zu. Es ist so groß wie ein Haus. Das riesengroße Mädchen hat euch entdeckt und bleibt genau vor euch stehen. Langsam kniet es sich nieder und legt sich bäuchlings direkt vor euch auf die Wiese. Unter seinem Gewicht knicken die Blumen laut knackend um.

Obwohl das Mädchen sehr groß ist, habt ihr keine Angst. Es hat so freundliche blaue Augen, die so groß wie Wasserbälle sind. Es nickt euch lächelnd zu. Mit leiser Stimme heißt das Mädchen euch im Land der Riesen willkommen und lädt euch zu sich nach Hause ein. Vorsichtig streckt es einen Zeigefinger aus, der so groß ist wie ihr selbst. Das Mädchen flüstert, dass ihr darauf klettern sollt. Ihr nehmt die Einladung an und steigt auf den Riesenfinger. Behutsam schiebt euch das Mädchen auf seine Handfläche, steht langsam auf und geht los ...

Ihr habt jetzt drei Minuten Zeit, um das Zuhause des Riesenmädchens zu entdecken. Es wird gut auf euch aufpassen und ihr werdet zusammen viel Spaß haben. Schaut euch alles genau an. Merkt euch, wie es dort aussieht und was ihr alles erlebt. Die Musik begleitet euch auf eurem Ausflug. (Musik lauter stellen ... Nach drei Minuten die Musik leiser stellen und die Kinder langsam aus der Fantasiewelt zurückführen.) *Jetzt müsst ihr euch von dem Riesenmädchen verabschieden. Reckt und streckt euch. Öffnet langsam eure Augen. Ihr könnt euch ganz genau an eurer Abenteuer erinnern.*

Geben Sie den Kindern direkt nach der Traumreise die Möglichkeit, allein oder mit in der Gruppe, ihre Gedanken und Gefühle zu verarbeiten. Dies kann in bildhafter Form oder im Gespräch geschehen.

Im Land der Riesen

- **Bildungsbereich:** Sprachliche Bildung / Wahrnehmung und Bewegung / Ästhetisch-kreative Bildung
- **Alter:** ab 5 Jahre
- **Anzahl:** unbegrenzt
- **Ort:** drinnen
- **Material:** Papier, Stifte, Locher, Faden

Erzählen Sie den Kindern dieses Gedicht. Fragen Sie die Kinder, welche Fingerbewegungen sie sich passend zum Text vorstellen können:

> *Im Land der Riesen könnt ihr viel erleben.*
> *Dort seht ihr Bäume, die sich bis zum Himmel erheben.*
> *Wir Menschen wirken klein wie Zwerge,*
> *die Riesen hingegen groß wie Berge.*
> *Eine Blume ist groß wie ein Baum,*
> *ein Haus ist so hoch, das Dach seht ihr kaum.*
> *Eine Pfütze ist riesig wie ein See.*
> *Eine Ameise ist so groß wie ein Reh.*
> *In einem Apfel aus dem Land der Riesen könnt ihr sitzen.*
> *Für einen Schritt eines Riesen müsst ihr ganz schön flitzen.*
> *Tritt er auf den Boden, bebt die Erde*
> *und zittern die Pferde.*
> *Legt sich ein Riese zum Schlafen nieder,*
> *brummt er laut seine Einschlaflieder.*
> *Sein Schnarchen ertönt wie Donnergrollen im Nu,*
> *haltet euch lieber die Ohren zu.*

Nach der Umsetzung des Gedichts in ein Fingerspiel, haben die Kinder nun auch bestimmt Spaß daran, daraus eine Bilderbuchgeschichte herzustellen. Zu jeder Strophe malen die Kinder paarweise oder allein ein passendes Bild. Nach der Fertigstellung aller Bilder, lesen Sie das Gedicht ein weiteres Mal vor. Passend zum Text halten die Kinder ihre Bilder hoch. Anschließend ordnen sie alle Bilder und gestalten ein Deckblatt. Auf jedes Bild kleben sie mit Ihrer Hilfe einen Ausdruck der entsprechenden Textpassage. Zum Schluss werden alle Blätter übereinander gelegt, gelocht und mit einem Band als Heft zusammengebunden.

Riesenolympiade für große und kleine Riesen

- **Bildungsbereich:** Bewegung und Wahrnehmung / Sozial-emotionale Bildung
- **Alter:** ab 6 Jahre
- **Anzahl:** unbegrenzt
- **Ort:** draußen
- **Material:** Laufzettel, Stifte, Stoppuhr, Zollstock, Teppichfliesen, Seil, Tischtennisball, Esslöffel, Fotoapparat, Drucker, Klebstoff, Papier

Organisieren Sie eine Riesenolympiade, bei der die Eltern gegen die Kinder antreten. Planen Sie für jede Disziplin einen hohen Schwierigkeitsgrad für die großen Riesen (Eltern) und einen leichten Schwierigkeitsgrade für die kleinen Riesen (Kinder) ein.

- *Stiefelweitwurf mit drei Versuchen:* Rückwärts / vorwärts werfen.
- *Hindernislauf durch das Riesenland mit Zeitmessung:* Parcours auf einer längeren / kürzeren Strecke.
- *Riesensprünge mit Zeitmessung:* Mehrere Teppichfliesen liegen in größeren / kleineren Abständen auf dem Boden verteilt.
- *Auf allen Vieren unter der Zwergenbrücke:* In 30 / 45 Sekunden so oft wie möglich unter einem gespannten Seil durchkriechen.
- *Schneckeneierlauf mit Zeitmessung:* Mit einem Tischtennisball auf einem Esslöffel haltend rückwärts / vorwärts laufen.

Bereiten Sie im Vorfeld für jeden Teilnehmer einen Laufzettel vor. Hinter jeder Disziplin sollten Sie genügend Platz zum Eintragen der erreichten Ergebnisse lassen. Am Schluss des Rundlaufs werden alle Laufzettel eingesammelt und ausgewertet. Für das jeweils beste Ergebnis gibt es den ersten Platz. Zum Schluss werden alle Platzierungen addiert und anhand der Gesamtergebnisse die Einzelplatzierungen der großen und der kleinen Riesen ermittelt. Welche Mannschaft war besser?
Bei der Siegerehrung bekommt jeder große und kleine Riese seinen Laufzettel zurück, der nun als Urkunde und Erinnerung mit nach Hause genommen werden darf.

Tipp: Fotografieren Sie die großen und kleinen Riesen bei den unterschiedlichen Disziplinen und erstellen Sie nach der Olympiade eine Fotocollage, die für die Eltern und Kinder gut sichtbar aufgehängt wird.

6. Wassernixen und Wassermänner

Das Reich der Wasserwesen erscheint Kindern meist noch geheimnisvoller als die Fantasiewelt der anderen Naturwesen, denn das Element Wasser wirkt auf sie oftmals sehr faszinierend. Viele Kinder plantschen, tauchen oder schwimmen zwar ab und zu in Schwimmbädern, doch die Erkundung eines freien Gewässers werden sie noch nicht erlebt haben. Schon der genaue Blick in ein freies Gewässer bleibt ihnen verborgen. So sind der kindlichen Fantasie bei der Überlegung, was sich wohl in der Tiefe alles verbergen könnte, keine Grenzen gesetzt. Führen Sie die Kinder mit Spielen, Massagen und kreativem Tun in das geheimnisvolle Reich der Wasserwesen ein.

Ziele	○ Förderung der Sprache und des Verstehens
	○ Förderung der Kreativität
	○ Schulung der Feinmotorik
	○ Förderung der Fantasie und Assoziationsfähigkeit
	○ Förderung der Körperwahrnehmung
	○ Förderung der Geschicklichkeit, Konzentrations- und Reaktionsfähigkeit
	○ Stärkung des sozialen Miteinanders
	○ Einüben von Kooperation und Rücksichtnahme
	○ Stärkung des (Selbst-)Vertrauens
Methoden	● Fingerspiel und offene Fantasiereise
	● Wett- und Fangspiele
	● Umsetzung von Sprache und Bewegung
	● Gestalten von Muschelschmuck und Guckkästen
	● Traumreise mit Massage
	● Zulassen von Nähe

Wissenswertes über die Wasserwesen

Viele Geschichten, Sagen und Mythen erzählen von Nixen, Meerjungfrauen und Wassermännern, die in den Gewässern unserer Welt zu Hause sind. Die weiblichen Wasserwesen gelten als anmutige und schöne Gestalten mit betörenden Stimmen. Die Wassermänner werden eher als mürrisch, aber gutmütig und gesellig beschrieben.

Gewässer als Lebensraum erkunden

- **Bildungsbereich:** Sprachliche Bildung / Ästhetisch-kreative Bildung
- **Alter:** 5 Jahre
- **Anzahl:** unbegrenzt
- **Ort:** drinnen oder an einem Gewässer
- **Material:** Bilder von Wasserwesen, Papier, Stifte, Decken

Um die Kinder auf das Thema einzustimmen, zeigen Sie ihnen Bilder von Nixen und Wassermännern. Was wissen sie bisher über diese Wasserwesen? Lassen Sie die Kinder von ihren Vorstellungen erzählen und überlegen Sie anschließend gemeinsam, welche Gewässer es gibt. Können die Kinder sich vorstellen, selbst als Nixe oder Wassermann in einem Gewässer zu leben? Wie soll es dort aussehen, damit sie sich wohl fühlen? Greifen Sie alle Äußerungen auf und stellen Sie gezielte Nachfragen, damit die Kinder sich noch intensiver auf die Fantasieebene einlassen können. Vielleicht möchten sie ihre Vorstellungen auch zu Papier bringen. Halten Sie hierfür Papier und Stifte bereit.

Tipp: Gehen Sie mit den Kindern für dieses Angebot an ein Gewässer. Wahrscheinlich wird es ihnen an diesem Ort leichter fallen, ihre Fantasie spielen zu lassen.

Fingerspiel: Zehn kleine Nixen

* **Bildungsbereich:** Sprachliche Bildung / Wahrnehmung und Bewegung
* **Alter:** 3 Jahre
* **Anzahl:** unbegrenzt
* **Ort:** drinnen

Zehn kleine Nixen schwimmen im Meer, sie gleiten hin, sie gleiten her.	*Die Finger zeigen nach oben und werden hin und her bewegt.*
Manchmal kriechen sie wie Wasserschnecken,	*Langsame Bewegungen von einer Seite zur anderen,*
dann toben sie durch Höhlenecken.	*schnelle Bewegungen kreuz und quer.*
Hoch oben, wo die Winde wehen, strecken sie sich, um das Land zu sehen.	*Die Finger bewegen sich wackelnd nach oben.*
Doch der Wassermann ruft laut: »Nein! Taucht sofort wieder ins Wasser rein!«	*Den Zeigefinger mit der ganzen Hand von links nach rechts bewegen.*
Blitzschnell schwimmen sie in den Algenwald und machen dort erst einmal Halt.	*Die Finger bewegen sich wackelnd und schnell nach unten, verstecken sich hinter dem Rücken.*
Nun tanzen sie fröhlich im Kreise und singen dazu ganz leise.	*Die Hände bewegen sich kreisförmig, während die einzelnen Finger wackeln.*

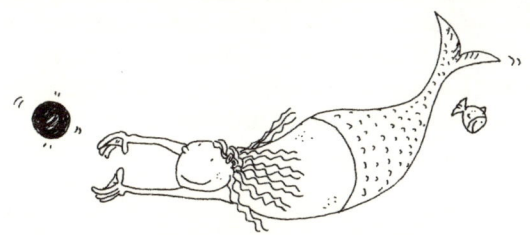

Muschelschmuck für kleine Nixen

- **Bildungsbereich:** Ästhetisch-kreative Bildung
- **Alter:** 5 Jahre
- **Anzahl:** unbegrenzt
- **Ort:** drinnen
- **Material:** Muscheln, Lederbänder, Scheren

Nixen lieben Ketten und Armbänder aus Muscheln. Geben Sie den Kindern die Möglichkeit, eigenen Nixenschmuck herzustellen. Sie fädeln zuvor durchbohrte Muscheln auf Lederbänder. Bestimmt werden so viele schöne Armbänder und Ketten entstehen.

Blick ins Nixenreich

- **Bildungsbereich:** Ästhetisch-kreative Bildung
- **Alter:** 5 Jahre
- **Anzahl:** unbegrenzt
- **Ort:** drinnen
- **Material:** Scheren, Klebstoff, blauen Farbe, Pinsel, Kies, Muscheln, Sand, verschiedenfarbiger Tonkarton, gelbes Transparentpapier, grünes Krepppapier, Tesafilm, für jedes Kind 1 Schuhkarton mit Deckel

Jedes Kind gestaltet aus einem Schuhkarton sein eigenes Nixenreich als Guckkasten. Zunächst bemalt es seinen Karton von innen und außen mit blauer Farbe. Während die Kartons trocknen, gestalten die Kinder aus Tonkarton bunte Fische, glitzernde Seepferdchen, leuchtende Kraken, kleine Nixen, bärtige Wassermänner und andere Fantasiegestalten. Nun bedecken sie den Boden ihres Guckkastens mit Sand und Muscheln. Als Nächstes schneiden sie in eine schmale Seite des Kartons ein kleines Guckloch. Den Deckel des Kartons versehen sie mit einem großen Loch und bekleben dies mit gelbem Transparentpapier. So entsteht ein interessanter Effekt beim Hineinschauen in den Guckkasten. Als Nächstes kleben die Kinder ihre Meeresbewohner an die Wände und Deckel. Außerdem befestigen sie schmale Algengräser aus grünem Krepppapier mit Klebefilm am Deckel. Nun wird der Guckkastens verschlossen und die Kinder dürfen die verschiedenen Nixenreiche durch die Gucklöcher bewundern.

Massage in der Wasserwelt

- **Bildungsbereich:** Sprachliche Bildung / Wahrnehmung und Bewegung
- **Alter:** ab 4 Jahre
- **Anzahl:** unbegrenzt
- **Ort:** Raum ohne störende Einflüsse
- **Material:** Decken, Matratzen, Kissen, Musikabspielgerät, Wassermusikklänge

Bei der folgenden Massage finden sich die Kinder paarweise zusammen. Ein Kind liegt mit geschlossenen Augen bequem auf dem Bauch, sein Partner kniet seitlich daneben. Um die passende Atmosphäre zu erzeugen, spielen Sie im Hintergrund Wassermusikklänge ein.

Der Rücken des liegenden Kindes verwandelt sich in ein Meer mit gewöhnlichen und besonderen Bewohnern. Die Hände und Finger des massierenden Kindes werden zu Wellen, Fischen, Nixen und anderen Meereslebewesen. *Wichtiger Hinweis:* Arbeiten Sie bei einer Massage immer nur seitlich der Wirbelsäule! Damit die Kinder sehen und nachmachen können, welche Bewegungen sie jeweils ausüben sollen, führen Sie diese an einem Kind vor.

Weit von hier gibt es ein riesiges Meer. (Beide Hände werden flach und langsam von oben nach unten gestrichen.) *Je weiter sich das Meer vom Land entfernt, desto höher werden die Wellen.* (Die Hände werden erst mit kleinen Wellenbewegungen quer über den Rücken geführt, dann mit größeren.) *An der tiefsten Stelle des Meeres lebt die kleine Meernixe. Stundenlang lässt sie sich mit der Wasserströmung treiben.* (Abwechselnd werden die Hände kreuz und quer über den Rücken gezogen.) *Sie treibt an vielen Freunden vorbei, die sie manchmal für kurze Zeit begleiten, bevor sie in eine andere Richtung weiterschwimmen. Gerade schlängelt sich eine grüne Wasserschlange lächelnd an der kleinen Nixe vorbei.* (Mit Zeige- und Mittelfinger Schlangenlinien über den Rücken ziehen.) *Ein leuchtend bunter Schwarm kleiner Fische tänzelt um sie herum.* (Abwechselnd bewegen sich alle Finger schnell auf dem Rücken hin und her und berühren ihn sanft an verschiedenen Stellen.) *Kurze Zeit später trifft die kleine Meernixe ihren Fischfreund, den Zackenbarsch. Er ist doppelt so groß und mindestens zehnmal so alt wie sie. Weil seine Augen schon sehr schwach sind, befühlt er alles* mit seinem weichen Fischmaul. (Die Finger bilden ein Maul, indem der Daumen und die anderen vier Finger immer wieder zusammen- und weggeführt werden. Diese Schnappbewegung wird auf den Rücken durchgeführt.) *Die kleine Nixe muss lachen, da sie sehr kitzelig ist.* (Beide Hände liegen rechts und links neben der Wirbelsäule. Dort aufliegend bewegen sie sich schnell hin und her, so dass die Stellen geschüttelt werden.) *Mit einer geschickten Bewegung dreht sie sich vom Zackenbarsch weg und versteckt sich zwischen unzähligen durchsichtigen Quallen, die plötzlich unter ihr schwimmen.* (Beide Fäuste mit leichtem Druck an verschiedene Stellen des Rückens halten.) *Für heute hat die kleine Meernixe genug erlebt. Sie durchschwimmt die Quallen und lässt sich mit der Meeresströmung nach Hause treiben.* (Abwechselnd die Hände kreuz und quer über den Rücken ziehen.) *Bald sieht sie ihre Schlafmuschel. Sie liegt mit unzähligen anderen Muscheln auf dem weichen sandigen Meeresboden. Dort öffnen und schließen die Muscheln sich ständig.* (Die Hände und Handgelenke liegen flach auf dem Rücken. Die Hände heben und senken sich. Die Handgelenke bleiben liegen.) *Die kleine Nixe kuschelt sich in ihre Schlafmuschel und schläft sofort ein. Sie träumt vom nächsten Tag, wenn sie wieder durch das weite Meer gleitet.* (Beide Hände flach und ganz langsam von oben nach unten streichen.)

 Nixenfangen

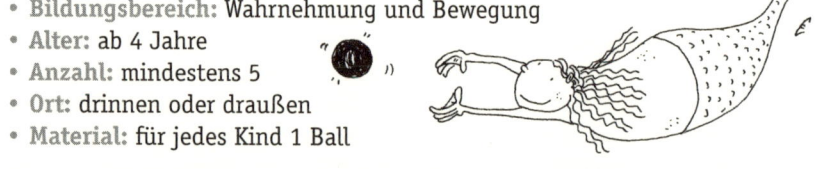

- **Bildungsbereich:** Wahrnehmung und Bewegung
- **Alter:** ab 4 Jahre
- **Anzahl:** mindestens 5
- **Ort:** drinnen oder draußen
- **Material:** für jedes Kind 1 Ball

Kleine Nixen toben gerne bei Fangspielen durchs Wasser. Zuerst bestimmen sie, wer den Nixenfänger spielen darf. Dieser darf wie alle anderen Nixen nur mit beiden zusammengehaltenen Beinen gleichzeitig hüpfen. Fängt er eine Nixe, so ist diese der neue Nixenfänger.

Variation: Alle Nixen stecken sich einen Ball zwischen ihre Beine. Beim Fangen und Weghüpfen dürfen die Bälle nicht verloren werden.

Alle Nixen zurück ins Unterwasserschloss!

* **Bildungsbereich:** Wahrnehmung und Bewegung
* **Alter:** ab 4 Jahre
* **Anzahl:** mindestens 6
* **Ort:** drinnen
* **Material:** 2 Turnmatten

Für dieses Wettspiel bilden die Kinder zwei Mannschaften. Legen Sie im Raum zwei Turnmatten aus. Diese stellen die Unterwasserschlösser dar. Die Kinder schwimmen wie kleine Nixen durch das Meer. Sie sind der Meereskönig und bestimmen von Runde zu Runde, wie sich die Kinder bewegen sollen. Die Kinder hüpfen beidbeinig, laufen vorwärts oder rückwärts, kriechen wie Taucher durch das Wasser. Sobald Sie rufen »Alle Nixen zurück ins Schloss!«, müssen beide Mannschaften in der zuletzt geforderten Bewegungsart so schnell wie möglich in ihr Unterwasserschloss zurückkehren und sich dort hineinsetzen. Es gewinnt die Gruppe, die zuerst im Schloss sitzt.

Der Wassermann holt die Nixen ins Meer zurück

* **Bildungsbereich:** Wahrnehmung und Bewegung
* **Alter:** ab 4 Jahre
* **Anzahl:** mindestens 6
* **Ort:** drinnen
* **Material:** Schwungtuch

Ein Kind spielt den Wassermann, die anderen Kinder verwandeln sich in neugierige Nixen. Der Wassermann bewegt sich unter dem Schwungtuch. Er ist im Meer und sucht die Nixen. Die haben gerade einen Ausflug an die Wasseroberfläche unternommen. Sie sitzen im Kreis auf dem Boden und halten das Schwungtuch fest. Es bedeckt ihre Beine und Unterkörper.
Der Wassermann findet eine Nixe nach der anderen und zieht sie unter das Schwungtuch ins Meer zurück. Die Kinder werden sehr gespannt darauf warten, wann sie unter das Tuch gezogen werden. Der Spannungseffekt bei diesem Spiel wird noch verstärkt, wenn die Nixen mit geschlossenen Augen auf dem Boden sitzen.

69

7. Reise nach Fantasien

Viele Naturwesen lieben das gesellige Beisammensein und fröhliche Feiern. Organisieren auch Sie mit den Kindern zum Abschluss dieser Projektreihe ein besonderes Fest, zu dem sie ihre Eltern und Freunde einladen dürfen.

Passend zum Projektthema könnte das Fest unter dem Motto »Reise nach Fantasien« stehen und je nach Jahreszeit als Mitmachgeschichte im Wald durchgeführt werden. Ein besonderes Erlebnis für die Kinder wird das Fest, wenn sich auch ihre Eltern und Freunde ebenso wie sie selbst auf die magische Welt einlassen und aktiv bei den Spielen mitmachen.

Bestimmt helfen die Eltern auch gerne bei der Vorbereitung und Durchführung der Angebote. Zum Gelingen des Festes wird ihre Mithilfe an den Spielstationen als auch bei der Zubereitung des Buffets gebraucht.

Ziele	○ Förderung des sozialen Miteinanders
	○ Eltern Einblick in die Projektarbeit geben
	○ Vermittlung von Mengenverhältnissen
	○ Eltern-Kind-Beziehung intensivieren
	○ Elternarbeit vertiefen
Methoden	● Schaffen eines gemeinsamen Erlebnisses
	● gemeinsame Fantasiereise von Eltern und Kindern
	● gemeinsame Spiele von Eltern und Kindern
	● magische Zauberbowle nach Rezept zubereiten

Ablauf der Fantasiereise

Das Fest beginnt und endet mit einem gemeinsamen Flug auf einem fliegenden Teppich. In Fantasien müssen die Kinder und Eltern verschiedene Aufgaben erfüllen, um von einem wundersamen Gebiet des Fantasiereichs zum nächsten zu gelangen. Übernehmen Sie die Rolle des Reiseleiters, der die Gruppe mit fantasievollen Überleitungen und Spielanleitungen durch diese Angebotsreihe führt. Die nachfolgenden Spiele sind als Anregung gedacht und können nach Belieben verändert werden.

Flug mit dem fliegenden Teppich

* Bildungsbereich: Wahrnehmung und Bewegung / Sprachliche Bildung / Sozial-emotionale Bildung
* Alter: ab 3 Jahre
* Anzahl: unbegrenzt
* Ort: im Wald
* Material: große Tücher

Breiten Sie mehrere große Tücher auf dem Waldboden aus und bitten Sie alle Festbesucher darauf Platz zu nehmen. Erzählen Sie eine kleine Geschichte, um die Gäste auf die bewegungsreiche Reise einzustimmen.

Willkommen auf dieser spannenden Reise nach Fantasien. Wie ich sehe, habt ihr alle Platz auf dem fliegenden Teppich gefunden. Er bringt uns jetzt ins Land der Zauberwesen. Kennt ihr dieses besondere Land schon? Dort ist alles anders als bei uns. In Fantasien leben keine Menschen, sondern nur Elfen, Feen, Zwerge, Riesen, Wassermänner, Nixen, Drachen und andere sonderbare Wesen. Lasst euch überraschen. Haltet euch gut fest, denn gleich starten wir. Spürt ihr, wie der Teppich wackelt und ruckelt? Wir heben ab. Wir steigen immer höher. Schaut einmal nach unten. Alles wird immer kleiner. Erzählt doch mal, was ihr dort unten entdeckt ... (Kinder fantasieren lassen). Oh, der Teppich gleitet langsam nach unten. Ich glaube, wir sind soeben gelandet.

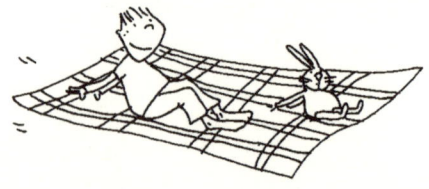

Tore in die Anderswelt bauen

- **Bildungsbereich:** Ästhetisch-kreative Bildung / Sozial-emotionale Bildung
- **Alter:** ab 4 Jahre
- **Anzahl:** unbegrenzt
- **Ort:** im Wald
- **Material:** Wolle, Naturmaterialien

Gemeinsam sind Eltern und Kinder in Fantasien angekommen. Erklären Sie als Reiseleiter wie die Reise weitergeht.

Wir haben unser Reiseziel fast ereicht. Die Kinder wissen ja bereits, dass wir immer erst die Tore in die Anderswelt durchschreiten müssen, um nach Fantasien zu gelangen. Da es hier noch keine Tore gibt, müssen wir diese nun selbst bauen.

Eltern und Kinder bilden gemischte Kleingruppen, die jeweils gemeinsam ein Tor ins Reich Fantasiens bauen sollen. Mit selbst gesammelten Naturmaterialien und mitgebrachter Wolle machen sie sich ans Werk. Sind alle Tore fertig, bilden alle Teilnehmer der Reisegruppe eine lange Reihe und durchqueren die Tore in die geheimnisvolle Welt.

Wo haben sich die Zwerge versteckt?

- **Bildungsbereich:** Wahrnehmung und Bewegung / Ästhetisch-kreative Bildung / Sozial-emotionale Bildung
- **Alter:** ab 4 Jahre
- **Anzahl:** unbegrenzt
- **Ort:** im Wald
- **Material:** gelbe und rote Knetmasse

Nach dem Eintritt ins Fantasiereich geht die Reise spannend weiter, denn Eltern und Kinder müssen nun die verschwundenen Zwerge finden.

Willkommen bei den roten und gelben Zwergen. Jedes Zwergenvolk hat ein eigenes Land. Die Zwerge sind sehr scheu und bleiben bei Tageslicht lieber in ihren Verstecken. Mal sehen, ob wir sie finden ...

Eltern und Kinder bilden zwei gemischte Gruppen. Eine Gruppe begibt sich ins Land der roten Zwerge und die andere ins Reich der gelben Zwerge.

Jede Eltern-Kind-Gruppe erhält passend zu ihrem Zwergenland rote oder gelbe Knetmasse. Daraus formen Eltern und Kinder kleine Zwerge, die sie anschließend in ihrem Gebiet verstecken. Dann wandern beide Gruppen in das Territorium des benachbarten Zwergenvolkes und suchen dort alle verschwundenen Zwerge.

Vorsicht im Land des Zauberdrachens!

- **Bildungsbereich:** Wahrnehmung und Bewegung / Sozial-emotionale Bildung
- **Alter:** ab 3 Jahre
- **Anzahl:** unbegrenzt
- **Ort:** draußen oder drinnen
- **Material:** Feenstäbe (siehe Seite 33), Handpuppe oder Stoffdrachen

Nach dem Besuch im Zwergenland geht die Reise weiter ins Land des Zauberdrachens. Auch hier müssen Eltern und Kinder wieder gemeinsam eine Aufgabe bewältigen:

Wir sind jetzt im Land des Zauberdrachens. Hier müssen wir ganz leise sein, damit er uns nicht entdeckt. Der Zauberdrache kann nämlich nicht nur Feuer speien. Er kann uns auch in jedes beliebige Wesen verwandeln, das er sich vorstellen kann. Außerdem er will immer alles haben, was er sieht. Von den Feen hat er sogar die Zauberstäbe gestohlen ... Achtung! Psst, dort vorne liegt er ja schon. Seht ihr ihn? Wir haben Glück, dass er gerade tief und fest schläft. Das sollten wir nutzen und die Feenstäbe holen, damit wir sie den Feen zurückgeben können.

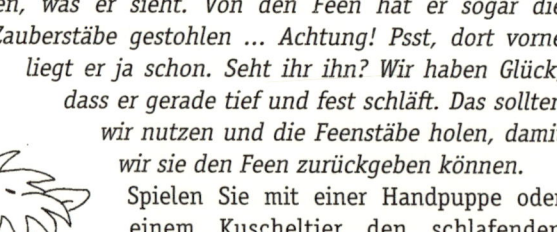

Spielen Sie mit einer Handpuppe oder einem Kuscheltier den schlafenden Drachen. Er liegt schnarchend auf dem Waldboden. Neben und unter ihm befinden sich die Feenstäbe. Nacheinander schleichen sich Eltern und Kinder leise an den Zauberdrachen heran, um ihm heimlich einen

Feenstab nach dem anderen abzunehmen. Besonders bei den Jüngeren wird die Anspannung groß sein, sich dem schlafenden Zaubertier zu nähern und sich einen Feenstab zu nehmen. Ab und zu dreht sich der Drachen nämlich von einer Seite auf die andere oder er macht Geräusche, gähnt und träumt laut. Glücklicherweise gelingt es den Eltern und Kindern alle Feenstäbe zurückzuholen und anschließend so zu verstecken, dass die scheuen Feen sie auch finden und mitnehmen können.

Der Schatz des Wassermanns ist verschwunden

- **Bildungsbereich:** Wahrnehmung und Bewegung / Sozial-emotionale Bildung
- **Alter:** ab 3 Jahre
- **Anzahl:** unbegrenzt
- **Ort:** im Wald
- **Material:** große Plastikwanne, kleine Plastikschale, Wasser, kleine Steinchen

Obwohl Eltern und Kinder bereits einige Abenteuer bestanden haben, ist ihre Reise noch lange nicht zu Ende. Bei der nächsten Etappe braucht der Wassermann die Hilfe der Gruppe.

Der Wassermann ist ärgerlich und traurig. Als er geschlafen hat, wurde ihm sein ganzer Schatz gestohlen. Wir wollen ihm helfen. Wir schenken ihm einen neuen Schatz. Allerdings ist es nicht leicht, ihm diesen zu geben. Helft ihr mit?

Stellen Sie eine mit Wasser gefüllte Plastikwanne auf. Dies ist das Meer. Auf dem Meeresboden steht eine kleine Plastikschale. Dies ist die leere Schatztruhe vom Wassermann. Alle Eltern und Kinder erhalten jeweils drei kleine Steinchen und stellen sich hinter einer markierten Linie auf, die etwa 1 Meter vom Wasser entfernt ist. Nacheinander versucht jeder, seine Steinchen von dieser Linie aus genau in die Schale zu werfen. Ist die Schatzkiste des Wassermanns hinterher gefüllt?

Die Kobolde sind los!

- **Bildungsbereich:** Wahrnehmung und Bewegung / Sozial-emotionale Bildung
- **Alter:** ab 3 Jahre
- **Anzahl:** unbegrenzt
- **Ort:** im Wald
- **Material:** 1 großes Tuch, 1 Schwimmflosse, 2 rote Zipfelmützen, 3 Chiffontücher

In Fantasien herrscht große Aufregung, denn die Kobolde waren unterwegs und haben viel Unsinn getrieben. Das finden die anderen Bewohner gar nicht lustig. Einige sind sogar sehr traurig. Bestimmt können die Eltern und Kindern auch in diesem Fall wieder helfen.

In Fantasien treiben auch viele Kobolde ihr Unwesen. Es macht ihnen großen Spaß, die Sachen der anderen Bewohner zu verstecken und sie dann bei der Suche zu beobachten. Diesmal haben sie vom Wassermann den Schuh genommen, von den Zwergen zwei rote Zipfelmützen und von den Elfen drei Zaubertücher. Alle haben schon verzweifelt nach ihren Sachen gesucht, sie aber nicht gefunden. Bestimmt habt ihr mehr Glück und findet die versteckten Sachen.

Verstecken Sie die Sachen in einem abgegrenzten Gebiet. Alle Fundstücke werden auf einem am Boden ausgebreiteten Tuch gesammelt.

Bezauberndes Steckeneinhorn bauen

- **Bildungsbereich:** Ästhetisch-kreative Bildung / Sozial-emotionale Bildung
- **Alter:** ab 6 Jahre
- **Anzahl:** unbegrenzt
- **Ort:** Grillstation im Wald
- **Material:** Füllwatte, Knöpfe, Bindfaden, weiße, silberne, goldene, schwarze, rote Wolle, weiße Filz- und Stoffreste, dicke Nähnadeln, Faden, 1 Besenstiel, Horn aus weißen Fimo, glitzerndes Garn, für jedes Kind 1 weiße Herrensocke

In Fantasien leben zahlreiche Einhörner. Gemeinsam stellen Kinder und Eltern diese Fantasiewesen her. Die Vorgehensweise ähnelt der Gestaltung

eines Steckenpferdes. Die Kinder stopfen Füllwatte in die
Socken und füllen damit die Fußteile. Dann schneiden
sie ein kleines Loch in die Stirn des Zaubertieres und stecken das aus Fimo
vorbereitete Horn hindurch. Danach ziehen sie die Socken über die Besen-
stiele. Nun werden die Zwischenräume zwischen den Besenstielen und den
Socken mit Füllwatte gefüllt. Mit einem Bindfaden befestigen die Kinder
ihre Socke am Besenstiel und nähen dem Einhorn besondere Knöpfe als
Augen an. Mit Wollfäden werden die Umrisse der Nasenlöcher und des
Mundes genäht. Anschließend gestalten die Kinder aus weißem Filz die
Ohren und befestigen diese am Kopf. Für die Mähne werden silberne, goldene und weiße Wollfäden zugeschnitten und mit einer dicken Nähnadel
durch den Socken gezogen. Aus glitzerndem Garn drehen die Kinder eine
Kordel, die als Leine für das Einhorn dient. Nun dürfen die Einhörner
beritten und später als Andenken nach Hause mitgenommen werden.

Baumgeister suchen

- **Bildungsbereich:** Wahrnehmung und Bewegung / Sozial-emotionale
  Bildung
- **Alter:** ab 4 Jahre
- **Anzahl:** unbegrenzt
- **Ort:** im Wald

Endlich sind alle Bewohner in Fantasien wieder glücklich. Und so kann
sich die Reisegruppe auf die Suche nach den Baumgeistern machen.

*Willkommen im Reich der Baumgeister! Wer ist schon einmal
einem Baumgeist begegnet? Wie ihr wisst, leben diese
Geister in Bäumen. Geht einmal herum und haltet
Ausschau nach verzauberten Bäumen. Achtet dabei
auf merkwürdig geformte Bäume, die vielleicht
sogar ein Gesicht haben.*

In gemischten Kleingruppen suchen Kinder und
Eltern nach bizarren und außergewöhnlichen
Bäumen. Haben sie einen verzauberten Baum
gefunden, betrachten sie ihn genau. Sie prüfen
sein Aussehen, erforschen ihn nach besonderen
Details und ertasten ihn ausgiebig. Welcher

77

Baumgeist könnte hier wohnen? Was mag er wohl besonders gerne oder gar nicht? Wie unterhält er sich mit den anderen Baumgeistern? Zum Abschluss ihrer Untersuchungen gehen alle Gruppen von Baum zu Baum und stellen ihre Baumgeister vor.

Picknick im Feenreich

- **Bildungsbereich:** Sozial-emotionale Bildung
- **Alter:** ab 3 Jahre
- **Anzahl:** unbegrenzt
- **Ort:** im Wald
- **Material:** Tücher, Decken, Servietten, Teller, Becher, Trinken, Essen, stabile Kartons, pastellfarbene Tüllstoffe
- **Zutaten für die Feenbrote:** Weißbrot, Vollkornbrot, Butter, Marmelade, Honig, frische Gänseblümchenblüten, Zuckerstreusel

Wie wäre es nach dieser aufregenden Reise mit einem gemütlichen Waldpicknick im Feenreich? Stellen Sie stabile Kartons auf und bedecken Sie diese mit pastellfarbenen Tüllstoffen. Verteilen Sie darauf die Zutaten für die Feenbrote, Gänseblümchenbrote und andere Feenspeisen.
Für die Feenbrote werden Weißbrotschnittchen mit Butter und Marmelade oder Honig bestrichen und dann mit Zuckerstreuseln bestreut. Eine besondere Köstlichkeit im Feenreich sind Gänseblümchenbrote. Dünne Vollkornscheiben werden mit Butter bestrichen und dann mit gründlich gewaschenen Gänseblumenblüten bestreut. Guten Appetit!

Magische Tautropfenbowle zubereiten

- **Bildungsbereich:** Wahrnehmung und Bewegung / Sozial-emotionale Bildung
- **Alter:** ab 4 Jahre
- **Anzahl:** unbegrenzt
- **Ort:** im Wald (oder drinnen)
- **Material:** interessant geformte Flaschen, Klebstoff, Etiketten, Federn, Blumen, Stifte, Glitter, Esslöffel, Teelöffel, goldenes Tuch, Messbecher, Schöpfkelle, Feengläser, Schälchen

- **Zutaten für die Bowle:** 700 Milliliter heller Traubensaft, 700 Milliliter Apfelsaft, 700 Milliliter Birnensaft,
1 Liter stilles Wasser, Früchte der Saison

Alle Zutaten für die Zauberbowle werden vorab in interessant geformte und fantasievoll verzierte Behältnisse gefüllt und zusammen mit den benötigten Materialien auf einem goldenen Tuch bereit gestellt. Erklären Sie zunächst die geheimnisvollen Zutaten und beginnen Sie dann mit der Zubereitung der Bowle. Um das Abmessen der Einzelportionen zu erleichtern, markieren Sie den Messbecher an der entsprechenden Stelle. Damit der Trank seine Zauberwirkung entfalten kann, ist es wichtig, dass alle Teilnehmer der Fantasiereise bei der Herstellung mitmachen. Passen Sie deshalb die folgende Rezeptur der Größe Ihrer Reisegruppe an. Nach Ihren Vorgaben wird jede Zutat einzeln in den Topf gegeben:
- 1 Portion Blütensaft von der roten Trolltraube (Traubensaft)
- 1 Portion Blütensaft von den grünen Äpfeln (Apfelsaft)
- 1 Portion Blütensaft von der gelben Birne (Birnensaft)
- 1 Portion Tautropfen von der Feenwiese (Mineralwasser)
- 1 Portion Früchte aus dem Feengarten (Früchte der Saison)

Wichtig für die Zauberwirkung der Bowle ist außerdem, dass jede Zutat mit einer besonderen Bewegungen begleitet wird, die von allen gemeinsam ausgeführt werden muss:
- Haltet alle zusammen den großen Zauberlöffel mit der rechten Hand und rührt die Zauberbowle 3 x langsam links / 3 x schnell rechts herum.
- Fasst euch an die Hände und umrundet den Topf im Hopserlauf 1 x links / rechts herum.
- Klatscht 3 x laut in die Hände.
- Hüpft 3 x hoch und landet möglichst lautlos auf euren Füßen.
- Fliegt so leise wie möglich 1 Runde um den Topf herum.
- Fasst euch an die Hände, stellt euch auf ein Bein, zählt 1, 2, 3 und setzt euch auf den Boden.

Ist die Zauberbowle angerührt, kommen alle im Kreis zusammen. Dann wird sie in die Feengläser gefüllt (siehe Seite 34) und ein Feenzaubertrinkspruch gesprochen:

Wi, wa, wo zum Wohle,
wir trinken unsere Feenbowle.

Service

Fachliteratur

Christine Cerny: *Das Buch der Naturgeister*. Von Elfen, Zwergen, Feen und anderen Elementarwesen. Goldmann, 2004.

Silke Hübner: *Wo die Elfen hausen* - Mythologie in Island. GRIN Verlag, 2003.

Ditte König: *Die Welt der Feen*. Mythen, Märchen und Legenden. Heyne, 1998.

Sandra Sommerfeld, Gabriele Wensky: *Feen, Zwerge, Märchenwelt*. PeP - Projekte entwickeln für die Praxis. Herder, 2005.

Ron van Valkenberg: *Atlas der Naturgeister*. Bräuche. Märchen. Meditationen. Ludwig, 2002.

Sachbücher

Christine Schäfer: *Elfen und Feen aus Märchenwolle*. Freies Geistesleben, 2006.

Alison Maloney, Patricia Mofett: *Zauberhafte Feenwelt*. Ars Edition, 2008.

Emmanuelle Lepetit, Colette David: *Dein buntes Wörterbuch des Fantastischen*. Fleurus Verlag, 1980.

Bilder- und Vorlesebücher

Nicola Baxter: *Die traumhafte Welt der Elfen*. Bezaubernde Geschichten aus dem Elfenland. Bassermann, 2005.

Kirsten Boie, Jutta Timm: *Nee! sagte die Fee*. Oetinger Verlag, 2000.

Cornelia Funke: *Die Glücksfee*. Fischer, 2003.

Marc Limoni, Susanne Schwandt: *Kleine Elfe bring mir Glück*. Kerle Verlag, 2003.

Otfried Preußler: *Der kleine Wassermann*. Thienemann Verlag, 2005.

Bettina Stietencron, Hedwig Diestel: *Klumpedump und Schnickelschnack*. Freies Geistesleben, 2004.

Internetseiten

www.feenreich.de
www.elfenportal.de